어느
이슬람
여인의
회심

빌퀴스 쉬이크 지음 박양미 옮김

I Dared To Call Him Father

by

Bilquis Sheikh

tr. by

Park, yang-Mi

Published in 1979 in the U. S. A.
by Chosen Books Publishing Co. Ltd,
Lincoln, Virginia 22078.
© 1993 Nanumteo Publishing Co.
Inchun, Korea

역자 서문

햇수로 8년을 선교지에서 지내는 동안 복음으로 가장 접근하기 어려웠던 부류의 사람들이 어떤 사람들이었냐고 묻는다면, 나는 서슴없이 "모슬렘들"이라고 대답할 수 있다. 그들은 탄자니아 국경의 어느 마을에서 우리 전도팀이 머무는 동안 지붕 위로 돌을 던지던 자들이며, 한마디도 져주지 않고 코란을 인용해 바락바락 대들던 아줌마들이었으며, 전도하는 모든 말에 수긍하고 또 성경까지 받아 읽었더라도 모슬렘 공동체에서 소외되어야만 한다는 두려움 때문에 몹시 주저하던 대학생들과 철저한 회교식 지침 아래 엄격한 가정 교육을 받고 있던 어린아이들이었다.

나는 모슬렘들이 실제로 예수를 주님으로 영접한 모든 이야기들에 관심을 갖기 시작했고, 그런 내용들이 실린 문서와 전도지와 간증에 주의를 기울이게 되었다.

4

바로 이 책에 실린 '빌퀴스 쉬이크'의 이야기는 모슬렘들이 주님께 돌아오도록 중보기도하는 모든 이들에게 소망을 준다. 이 책에는 선교사들로 하여금 "우리로서는 할 수 없으나 하나님은 능하시다!"라고 고백할 수 있게 해주는 간증이 담겨 있다.

이 책을 번역하는 동안에 나는 이왕이면 어려운 곳을 골라 소말리아, 파키스탄과 같은 회교 국가들을 선교지로 택하여 믿음과 끈질긴 인내로 봉사하고 있는 친구 선교사님들을 기억하지 않을 수 없었다.

아울러 책을 번역하도록 용기를 준 남편과 끝까지 원고 정리를 도맡아 해준 여동생 진미에게, 그리고 며느리가 책상에 매달려 있는 동안 수고를 아끼시지 않고 도와 주신 어머님과 출판으로 격려해 주신 김순식 목사님께 감사드린다.

윗분들의 도움 없이는 정말 책을 낼 엄두조차 내지 못했을 것이다.

차례

역자 서문 · 3

제1장 불길한 예감 · 7

제2장 이상한 책 · 21

제3장 묘한 꿈 · 33

제4장 만남 · 41

제5장 갈림길 · 61

제6장 하나님의 임재하심에 들어가는 연습 · 73

제7장 불과 물의 세례 · 87

제8장 보호하심이 따랐는가 · 103

제9장 배척 · 121

제10장 영광 가운데 사는 법 · 137

제11장 변화의 바람 · 161

제12장 씨뿌리는 때 · 171

제13장 폭풍의 전조 · 185

제14장 탈출 · 209

작가 후기 · 223

제1장
불길한 예감

자갈이 곱게 깔린 정원길을 천천히 걷고 있을 때 내 마음 한 구석에서는 그야말로 끔찍한 육감이 자리잡고 있었다. 때는 한밤중이었고, 신선한 수선화 향기가 바람을 타고 내 코를 스쳐갔다. 도대체 뭐가 날 이렇게도 불안하게 만드는 것일까?

나는 걸음을 멈추고 주위를 둘러보았다. 넓은 잔디밭 너머로 집안의 하녀들이 거실의 등불을 하나씩 끄고 있는 모습이 보였다. 바깥은 조용하고 평화로워 보였다. 마침 향기가 짙은 하얀 꽃 한다발을 막 꺾으려던 참이었다. '이 꽃다발을 침실머리에 꽂아 놓아야지!' 푸르고 긴 꽃줄기들을 한 움큼 쥐는 순간 뭔가 섬뜩한 손길이 머리를 스치고 지나갔다.

나는 놀라서 허리를 폈다. '이게 뭐지?' 무엇인가 축축하고 찬 느낌이 안개 구름처럼 정원을 휘감고 있었다. 정원은 갑자기 더욱 캄캄해 보였다. 스산한 바람이 버드나무를 휩쓸고 지나면서 휙 소리를 낼 때는 온몸에 소름이 끼쳤다.

'정신차려, 빌퀴스!' 스스로 마음을 가다듬으려 애썼다. 여러 가지 생각들이 나를 괴롭혔기 때문이다. 꺾은 꽃다발을 가슴에 안고 따뜻한 불빛이 가물거리는 방으로 재빨리 향했다. 그제야 안도감이 들었다. 육중한 흰 돌벽들과 초목들이 낯익어 보호를 받고 있다는 느낌이 들게 해주었다. 그런데 자갈밭을 지나는 동안, 흠칫 나도 모르게 어깨너머로 뒤돌아보는 자신을 발견했다. '세상에 미신 같은 건 없어. 그렇지?' 그렇게 혼자 되뇌이는 질문에 답이라도 하듯이 누군가 분명 내 어깨를 탁 두드리고 지나가는 것이었다.

난 비명을 질렀다. 그리고 집안으로 뛰어들어와 문을 꽝 닫고 잠가 버렸다. 놀라서 달려온 하녀들은 마치 귀신을 보고 실신한 것 같은 내 모습에 어안이 벙벙해 했다. 침실에 들어서서야 비로소 하녀들에게, 정원에서 만난 그 섬뜩한 존재에 관해 입을 열었다. "넌 영물 같은 것을 믿니?"

하녀 둘 중에 한 사람은 모슬렘이고 다른 한 사람은 기독교 신자였다. 둘 다 내 질문에 선뜻 대답은 하지 않았지만 모슬렘인 '눌잔'은 모스크의 제사장인 마을 물라(Mullah:회교의 율법학자)를 불러다가 정원에 성수를 뿌리는 것이 어떻겠느냐고 물으면서 말꼬리를 흐렸다. 난 무식한 사람들이나 믿는 미신 같은 것을 집안에 들여놓고 싶지 않았다. 더욱이 이런 불미스러운 소문이 마을에 나돈다는 건 생각만 해도 불쾌한 일이었다. 나는 애써 웃으며, 어떤 성직자든 내 집에서 악령을 쫓아내는 척하는 꼴은 절대로 보고 싶지 않다며 단단히 일러두었다. 어쨌든 하녀들이 물러간 후에 난 코란을 집어들었다. 그러나 몇 페이지 뒤적거리다가 이내 싫증이 나서 코란을 넣어 두는 푸른 빛 비단 상자에 다시 집어 넣고는 잠이 들었다.

다음날 아침 일찍, 여느 때처럼 높은 음조로 코란을 읊조리는 노랫소리가 내 의식을 깨웠다.

"라— 일라— 하 일라 일라— 아, 모하메드 레소루— 라!"

노랫소리는 화려하고 섬세하게 무늬가 아로새겨진 창의 문틈을 통해 흘러 들어왔다.

"알라 외에는 신이 없다;그리고 모하메드는 그의 예언자다."

이것은 매일 반복되는 정상적인 일과와도 같으므로 내게는 위안을 주는 노랫소리였다. 지난 46년간이나 하루도 빠짐없이 이 구호를 들어왔다. 모스크의 뾰족탑인 미나렛에서 모든 이의 귀에 울릴 이 성가를 부르기 위해, 어떤 일이 일어나고 있는지는 눈앞에 선하다.

바로 몇 분 전에 구호를 외치는 당번인 노인장은 파키스탄의 '와' 마을 가까이 있는 미나렛으로 서둘러 들어섰을 것이다. 그는 새벽 공기를 타고, 수세기를 걸쳐 회교 성직자들의 발걸음이 지나간 닳고 닳은 사원의 층계를 터벅터벅 걸어 올라갔을 것이다. 그리고 기도탑의 꼭대기에서, 그가 호흡을 가다듬으려고 난간으로 나 있는 티이크 문 앞에 잠시 멈춰 서 있는 모습을 상상할 수 있다. 그 다음엔 난간으로 나온, 수염이 더부룩한 그 노인장이 먼 옛날부터 천사백 년 동안이나 반복해 온 기도문을 외친다. 바로 모슬렘 신도들을 일깨워 기도하라고 부르는 노랫소리를 말이다.

"기도하러 나오라, 구원으로 나오라, 정녕 기도는 잠자는 일
보다 나으니."

끈질긴 구호 소리가 시월의 찬 공기 때문에 아직도 썰렁한
와 마을의 자갈길을 건너, 새벽빛에 붉게 물든 오랜 벽돌집 앞
의 우리 정원에서도 메아리쳤다.

고대로부터 내려온 이 구호 소리가 끝나갈 무렵에야 어젯밤
정원에서 소름끼쳤던 기억이 되살아났다. 나는 일부러 매일 반
복되는 하루 일과에 충실하려고 해보았다. 그렇게 해야 조금이
라도 더 위안감을 얻을 수 있으니까. 일어나서 식탁 옆 대리석
에 붙어 있는 금벨을 울렸다. 벨소리에 여느 때와 다름없이, 하
녀 눌잔이 숨 가쁘게 들어왔다. 두 하녀의 방은 바로 내 옆방이
기에 그들이 벌써 한 시간 전부터 일어나 내가 벨을 누르기만을
기다리고 있었다는 것을 익히 알고 있었다. 침실에서 아침 홍차
를 마시는 것은 나의 일과 중에서 빼놓을 수 없는 중요한 절차
였다. 눌잔은 빗으로 내 머리를 손질해 주었다. 그녀는 통통하
게 살이 찐 발랄한 십대 아이인데, 까르륵 웃기는 잘해도 일은
늘 서툴렀다. 눌잔이 머리빗을 바닥에 떨어뜨리자 나는 신랄한
욕설로 핀잔을 주곤 했다.

또 다른 하녀 '라이샴'이 쟁반에 홍차를 날라왔다. 라이샴은
나이도 들었고 조용한 편이며, 키가 훤칠하게 큰 우아한 여자
다. 그녀는 차 쟁반을 침실의 테이블 위에 올려놓고, 우선 덮여
있는 흰 행주를 젖힌 후 김이 모락모락 나는 따끈한 홍차를 찻
잔에 따랐다.

짙은 차 한 잔을 천천히 마시면서 맑은 정신이 되어갔다. '차
한 잔이 기도보다 낫다니까!' 만일 어머니께서 내가 이런 생각

을 하는 줄 아셨다면 충격을 받으셨을 것이다. 나는 어머니가 평생 동안, 타일이 덮힌 침실바닥에 양탄자를 깔아놓고 성지 메카를 향하여 수십만 번 이마가 땅에 닿도록 구부려 무릎꿇은 자세로 기도하는 모습을 보며 자랐다. 어머니 생각에 잠겨 테이블 위의 화장품 비단 상자에 눈길을 멈추었다. 그것은 수세기 전의 구식 스타일로 짜여진 목각장식 상자로서 순은 도금이 입혀 있고, 어머니의 소유이기 이전에 할머니 때부터 보관해 내려와 전수된 것이었다. 그리고 지금 내게는 대대로 물려받은 가보가 되었다. 두 잔의 차를 마신 후 라이샴에게는 내 허리춤까지 내려오는 긴 머리를 빗질하도록, 그리고 눌잔으로 하여금 내 손톱을 다듬도록 명령하는 신호를 보냈다.

두 사람은 시중을 드는 동안 마을에서 최근에 일어나고 있는 소식들을 떠들어대기 시작했다. 눌잔은 수다스러운 편이고, 라이샴은 조용히 듣고 있다가 가끔 한마디씩 말참견을 한다. 처음엔 도시를 떠나는 한 청년과 그의 약혼녀에 대해 이러쿵저러쿵 이야기하더니, 곧 라이샴의 숙모가 살고 있는 타운 가까이에서 일어난 살인 사건으로 화제를 옮겨갔다. 이 얘기가 언급되자, 라이샴이 몸을 떠는 모습을 곁눈으로 눈치챌 수 있었다. 왜냐하면 희생자는 기독교인이었기 때문이다. 그 살해된 소녀는 어느 기독교 선교사의 집에서 머물다가 봉변을 당했다. 누군가 그 소녀가 살고 있는 마을 맞은편 좁은 골목에서 그녀를 살해한 것이었다. 그래서 경찰은 이 사건을 수사하기로 되어 있었다.

"그 살해된 여자애 소식은 나중에 어떻게 되었다든?" 지나가는 말로 내가 물었다.

"몰라요, 마님." 라이샴이 조심스럽게 내 긴 머리를 땋아내리며 대답했다. 기독교인인 라이샴이 이런 살인 사건 이야기를 입에 올리고 싶어하지 않는 심정을 이해할 수 있었다. 나쁜 아니라 라이샴도 알고 있었다. 누가 그 소녀를 죽였는지를 …….
그 소녀는 마침내 기독교인으로서 세례를 받기 위해 모슬렘 신앙을 저버렸던 것이다. 그래서 바로 그녀의 오빠가 가문에 끼친 수치를 씻기 위해 모슬렘 신자들의 전통법 대로 신앙을 저버린 동생을 살해한 것이다.

모슬렘 법령은 비록 가혹한 규정일지라도, 실제로 해석할 때는 자비롭게 처리한다는 명목으로 벌을 완화시킬 수도 있었다. 그러나 열성당들은 언제나 코란의 문자 그대로 극단적인 방법을 시행해 왔다.

누가 그 소녀를 죽였는지를 모든 사람들이 뻔히 다 알면서도 마치 아무 일 없었던 것처럼 덮어버리며 지나간다. 언제나 그런 식이었다. 또 일 년 전에는 선교사 가정에서 봉사하던 한 기독교인이 개천에서 목이 잘린 채로 발견되었으나 아무도 일언반구 말하는 사람이 없었다. 나는 이런 슬픈 이야기들을 마음에서 지우고 싶어 일어날 준비를 차렸다. 두 하녀는 옷장에서 내가 골라 입을 수 있도록 비단으로 짠 사리(Saris, 인도와 파키스탄 사람들의 고유 복장) 몇 벌을 가져왔다. 보석이 박히고 화려하게 수가 놓인 사리를 골랐다. 하녀들은 내가 그것을 몸에 감도록 도와준 후 조용히 머리를 숙이고 방에서 나갔다. 햇살은 홍수처럼 내 침실 안으로 쏟아져 흰 벽과 상아빛 가구들 위로 짙은 오렌지빛 물을 들였다. 그 햇살은 이내 테이블로 옮겨가더니 금테로 둘러 있는 사진 액자 위에서 반사되어 반짝거렸다. 나는 순간적으로 화가 났다. 몇 발짝 걸음을 떼어 재빨리 액자를 집어들었다. 어젯밤 엎어 놓은 액자를 내 하녀들 중에 누군가가 청소한답시고 다시 세워 놓았으리라. 사진 속에는 세련된 한 쌍의 연인이, 런던의 화려한 음식점 식탁가에서 화사하게 웃는 표정이 담겨 있었다.

나는 매우 화가 났지만 한번 더 사진을 쳐다보았다. 마치 아픈 치아를 한번 더 건드려 보듯이. 눈이 부리부리하고 검은 수염에 위세가 당당한 사진 속의 남자는 남편이었던 '칼리드 쉬이크' 장군이다. '내가 왜 아직도 이런 사진을 보관하고 있다지?' 한때 그이 없이는 못살 것 같다고 느꼈던 남편의 얼굴을 내려다볼수록 화가 치밀어 올랐다. 6년 전 이 사진을 찍을 때 칼리드는 파키스탄의 내무부 장관이었다.

그리고 사진 속의 그이 옆에 있는 몸매가 아리따운 여인이 바로 내 모습이다. 한때 북인도였던 북서쪽 국경 지방의 한랭한 이 지역에서, 칠백 년간이나 귀족으로 자리잡아 온 전통적인 모슬렘 가문에서 나는 태어났다. 그동안 나는 세계 각처에서 몰려오는 외교관들과 기업가들을 위한 안내원으로 일해왔고, 파리와 런던의 화려한 번화가에서 유명 상점만 다니며 쇼핑을 하는 데 익숙해 있었다. 그러나 지금 거울에 비치는 내 얼굴은 사진 속에서 웃고 있는 옛 모습처럼 젊지도, 예쁘지도 않았다. 예전의 곱고 부드러웠던 얼굴은 거무스름해졌으며, 광택이 나던 머리에는 어느새 흰머리가 드문드문 섞여 있었고, 생의 환멸이 한번씩 지나갈 때마다 얼굴 위로 깊은 주름이 패였다.

남편이 나를 버리고 떠난 후부터 사진 속과 같은 달콤한 세계는 산산조각이 났다. 그런지도 벌써 오 년이 지났다. 남편에게 버림 받았다는 수치심 때문에 더이상 런던이나 파리의 번화가들을 나돌아다니지 않았다. 그 대신 그와 살았던 라왈핀디(Rawalpindi)를 떠나 조상 대대로 물려받은 고향땅, 이곳 히말라야 산맥 아래 택지에서 은둔자처럼 조용히 살고 있는 것이다.

지금 살고 있는 이 땅은 어릴 적 시간을 보낸, 조그만 언덕인 와 마을이 포함된 내 소유지였다. 그리고 와 마을은 우리 조상이 수세기를 걸쳐 심고 가꾼 과수원과 울창한 정원으로 둘러싸여 있었다. 우리 조상들은 마치 서쪽의 눈 덮인 사페드코 산맥처럼 육중한 돌집을 이곳에 지었는데, 지붕은 탑식으로 되어 있고 집 밖으로 난간이 나 있으며 건물 내의 큰 방들에서 인기척이 날 때마다 윙윙 소리가 울리는 궁전 같은 집이었다. 사실은 이모도 세상과 격리되기 원해서 그 집에 살기를 희망하셨기 때문에, 나는 와마을 교외에 지어진 그보다 작은 집을 골라 옮겼다. 그 집은 약 만오천 평의 정원 속에 박힌 보석과도 같았다. 위층이 침실이고 아래층으로 거실, 식당과 화실이 있기 때문에 내가 그토록 원하는 고독을 마음껏 누릴 수 있었다.

따져 보면 고독 이상의 혜택을 받았다. 처음 그곳에 도착했을 때는 정원이 무성하게 제멋대로 자라 있었다. 그것은 축복이었다. 왜냐하면 묵은 땅을 개간하는 일에 몰두하면서 우거진 숲의 토양을 파헤쳐 뒤엎을 때마다 내 많은 한(恨)도 함께 묻어버릴 수 있었으니까. 나는 정원의 일부는 테두리를 치고 화단으로 가꾸었으나, 그 나머지는 자연 그대로 울창하게 자라게끔 내버려 두었다. 그렇게 1966년까지 해마다 봄의 향연이 되풀이되면서 숲속의 집은 나의 세계가 되었고, 급기야 꽃 속에 파묻힌 은둔자라는 명성까지 얻게 되었다.

나는 손에 든 금테 사진 액자에서 눈을 떼고 그것을 도로 테이블 위에 엎어 놓았다. 그리고는 침실 창문을 통해 마을을 내다보았다. 와마을! 원래 '와'라는 이름은 기쁨의 탄성이라는 의미를 품고 있다. 몇 세기 전에 전설의 모걸(Moghul) 황제인 아크바(Akbar)가 이곳을 통과할 때, 지금은 나의 울타리인 이 지경의 연못가에서 그의 카라반을 세우기까지는 작은 촌락에 불과했다고 한다. 그가 버드나무 아래에 앉아 기쁨으로 '와' 하고 탄성을 질렀다고 하여 그후 '와'가 마을 이름이 되었다. 그러나 지난밤 정원에서 그 징그러운 경험을 한 이후로 이곳 풍경은 조금도 나의 불안감을 덜어 주지 못했다.

어쨌든 불길한 느낌을 떨쳐버리고 창가에 섰다. '다시 새 아침이야. 오늘도 변함없이 하루 일과가 진행되고 따뜻한 햇살도 비춰겠지.' 이런 생각으로 스스로를 달래 보았다. 전날 밤의 그 일들이 사실처럼 느껴졌지만 나쁜 꿈을 꾼 셈치고 지나간 일로 접어두면 그만이었다. 흰 커튼을 젖히고 아침의 맑은 공기를 들이마실 때 청소부가 안뜰에서 빗자루질하는 소리를 들을 수 있었다. 아침식사를 마련하느라고 태우는 장작 냄새가 코를 스쳤다. 또 멀리서 물레방아가 도는 리듬까지 들을 수 있었다. 나는 크게 숨을 내쉬었다. 여기가 와 마을이고 내 집이며 내 안식처였다. 여기가 바로 왕자이자 봉건 영주였던 나왑 무하메드 하야트 칸(Nawab Muhammad Hayat Kahn)이 칠백 년 전에 살았던 곳이었다. 우리는 그의 직계 왕가 후손이며, 우리 가족은 와의 하야트들로서 전인도에 이름이 나 있었다. 몇 세기 전 황제들의 카라반은 나의 조상을 만나 보러 오기 위하여 그랜드 트렁크 로오드(Grand Trunk Road)를 돌아야 했다. 내가 어렸을 때만 해도 전유럽과 아시아에서 오는 귀족들이 우리 가족을 알현하기 위해, 한때 인도로 통하는 카라반 길로 알려진 그 길을 통과하곤 했었다. 그러나 지금은 단지 가족의 구성원들만이 그 길을 따라 집 대문을 드나들 뿐이다. 물론 나는 우리 가족 외의 외부인들을 잘 알지는 못하지만 내겐 별 상관이 없었다. 내겐 집을 지키는 충실한 동반자인 하인들이 열네 명이나 있고, 그들

은 조상 때부터 대를 물려가며 우리 가족을 섬기고 있다. 무엇
보다 가장 중요한 사실은 귀여운 '마무드'(Mahmud)가 내 가까
이에 살고 있다는 점이다.

　마무드는 네 살된 손자다. 그애 엄마인 '투니'(Tooni)는 내가
낳은 세 아이들 중에 막내였다. 내 딸 투니는 날씬하고 예쁜 여
자일 뿐만 아니라 라왈핀디 가까이에 있는 성가병원(Holy
Family Hospital)에서 근무하는 여의사였다. 그리고 그애 남편
은 유망한 지주였다. 그러나 그들의 결혼 생활은 행복하지 못하
여 해마다 관계가 악화되더니 오랜 불화 끝에 별거 선언을 내렸
다. 하루는 딸애 부부가 날 만나러 왔는데 사연인즉, 둘 사이의
다툼이 끝날 때까지만 한 살된 아들 마무드를 키워 줄 수 있겠
느냐는 것이었다. "그건 안돼." 나는 대답했다. "아기를 정구공
으로 삼을 셈인가? 그러지 말고, 내가 차라리 마무드를 양자로
삼아 자식으로 키우도록 놔두고 가게." 불행히도 딸네 부부는
끝내 서로 타협하지 못하고 이혼했다. 그들은 내게 마무드를 입
양하는 것을 허락했고, 다행히도 지금까지 별 탈없이 아이가 잘
자라고 있다. 투니가 자주 마무드의 자라는 모습을 보러 오기
때문에, 우리 셋은 더욱 친근한 사이가 되었다. 그리고 내 첫째
와 둘째 아이들이 집을 떠나간 이후엔 더욱 그러했다.

　어느날 아침 마무드가 알몬드나무 그늘이 진 벽의 난간을 가
로질러 세발자전거를 타고 가는 것을 보았다. 그애는 나와 지난
3년간을 함께 지내 준 유일한 소망이자 기쁨이며, 깊은 갈색눈
에 단추코를 가진 귀여운 꼬마 천사였다. 그애가 까르륵 웃을
때마다 오래된 집의 침체된 분위기를 바꾸어 준다는 생각이 들
었다. 그렇지 않아도 저렇게 밝은 아이가 나처럼 낙담하고 그늘
진 인간 때문에 어두워지면 어쩌나 하고 은근히 마음 한구석으

로 걱정하고 있었다. 내게는 철저히 그애의 필요가 채워지는 것을 봄으로써 어떤 보상 같은 것을 주려는 심리가 있었나 보다. 열네 명의 하인들 중에서 그애만 전적으로 따라다니며 돌보아 주는 하인들만 해도 세 사람이다. 마무드를 돌보는 하인들은 아이에게 옷을 입혀 주고 장난감을 가져다 주기도 하며 온종일 아이와 놀아 주는 것이 그들의 일이다.

그러던 어느날 걱정거리가 생겼다. 며칠 동안이나 마무드가 음식을 입에 대지 않는 것이었다. 이상한 일이었다. 평상시에 마무드는 하루에도 몇 차례씩 부엌을 드나들면서 요리사들을 졸라 설탕과자와 간식을 가져다 먹는 먹보였다. 그날 아침 일찍, 나는 아래층으로 내려가다가 바깥 난간으로 나 있는 복도로 들어섰다. 그곳에 서 있던 마무드를 꼭 껴안아 준 다음, 하녀에게 아이가 뭘 좀 먹었는지를 물어 보았다.

"아니요, 마님. 통 안 먹으려고 들어요." 하녀가 내 귀에 대고 작은 소리로 대답했다. 내가 친히 그 아이에게 음식을 억지로라도 먹이려고 해보았으나 허사였다. 배가 고프지 않다면서 거절하는 것이었다.

하녀 눌잔이 내게로 가까이 다가와 머뭇거리면서, 마무드가 악령에 사로잡혀 있다는 말을 했을 때 내 마음은 괴로웠다. 너무 놀라 섬뜩한 느낌이 들었던 그 밤을 상기하면서 날카롭게 눌잔의 얼굴을 쳐다보았다. 다시 한번 마무드에게 음식을 권해 보았으나 소용이 없었다. 아이는 특별히 수입한 스위스산 초콜릿도 입에 대지 않았다. 움푹 패인 작은 두 눈이 나를 쳐다보며 말했다.

"엄마, 전에는 초콜릿이 좋았는데 지금은 삼킬 때마다 목이 아파서 못 먹겠어요." 그렇게 건강하던 어린아이가 축 늘어져

헬쑥한 모습을 하고 있는 것을 바라보고 있자니 한기가 온몸을 스쳐 지나갔다.

나는 자가용 운전사인 '맨주'를 불러 외출할 차비를 하라고 지시했다. 그도 기독교 신자다. 한 시간 이내 우리는 마무드의 주치의가 살고 있는 라왈핀다에 닿았다. 그런데 그 소아과 의사가 마무드의 몸을 조심스럽게 진단해 보더니 아무 이상이 없다고 했다.

집으로 돌아오는 길에 내 몸은 공포로 얼어붙는 것만 같았다. 내 옆에 조용히 앉아 있는 어린 손자를 보며 의아한 생각이 들었다. 눌잔의 말이 옳은 게 아닐까? 바로 이런 것이 눈에 보이는 육체적인 차원 너머의 어떤 현상을 말하는 것은 아닐까? 정말 악령이 손자에게 씌운 것일까? 별 이상한 생각이 다 든다 싶어서 속으로 자신을 비웃으며 팔을 뻗어 아이를 감싸 안았다. 그러던 중 옛날에 아버님이 기적을 일으키는 모슬렘 성자에 관하여 말씀하셨던 기억이 났다. 그때는 아버님의 이야기에 깔깔거리며 웃었었다. 아버님은 언짢아하시는 것 같았으나, 어쨌든 그런 어리석은 이야기에는 웃을 수밖에 없었다. 마무드를 품에 안고 그랜드 트렁크 로오드를 돌아오면서 여전히 불길한 생각으로 옥신각신하고 있었다. 마무드의 문제가 정원에서 일어났던 사건과 어떤 연관이 있는 것은 아닐까?

눌잔에게 이런 속마음을 털어놓자, 눌잔은 온 손톱을 헨나꽃으로 빨갛게 물들인 손을 내 목에 갖다대면서 마무드를 위해 마을 물라를 불러다가 정원에 성수를 뿌려야 한다고 다시 한번 졸라댔다. 나 또한 그녀의 청을 곰곰이 생각해 보는 지경까지 이르렀다. 모슬렘의 기본적인 교리를 믿기는 했지만, 많은 모슬렘 의식들 ― 하루에 다섯 번씩 올리는 기도, 금식과 절기에 따라 몸을 씻는 의례들 — 을 그만둔 지는 벌써 몇 년이나 되었다. 의혹이 없었던 것은 아니나 마무드에 대한 걱정이 더 컸기 때문에 모스크에 있는 성자를 불러오라고 눌잔에게 일렀다.

다음날 아침 마무드와 나는 창가에서 초조하게 물라를 기다렸다. 마침내 그의 다 낡아빠진 코트를 차가운 가을바람에 펄럭이면서 층계를 올라오는 소리가 들렸다. 그런데 그의 모습이 눈에 띄자마자 속으로 후회했을 뿐만 아니라 느릿느릿 걷는 모양이 불쾌했다.

눌잔은 뼈가 앙상하게 마른 그 노인을 내게 소개시킨 후에 물러갔다. 마무드는 호기심이 나는지 그 노인네가 코란을 여는 모습을 주의깊게 살펴보고 있었다. 물라는 코란의 다 낡은 가죽 겉장과 어울리는 그런 얼굴에 주름이 많이 진 눈으로 나를 쳐다보더니, 손마디가 굵은 투박한 손을 마무드의 머리에 성큼 얹고 떨리는 목소리로 쿨(Kul)을 암송했다. 쿨은 모슬렘이라면 누구든지, 환자를 위해 기도하거나 사업 계약을 맺는 것 같은 중요한 일이 닥쳤을 때 암송하는 예비 기도문이다.

그다음 물라는 코란을 아랍어로 읽기 시작했다 — 코란이 어김없이 아랍어로 읽혀지는 이유는 하나님의 사자가 선지자 모하메드에게 내려 준 말씀이 다른 언어로 번역되는 것은 불경한 일이기 때문이다. 나는 더이상 참고 앉아 있을 수가 없어서 발을 구를 지경이었다. 물라는 코란을 내게 내밀며 말했다. "부인께서도 이 구절들을 소리내어 읽으셔야 합니다." 그는 사람이 곤경에 처했을 때 읽도록 되어 있는 '수라 팔락과 수라 나즈'(Sura Falak and Sura Naz)를 가리켰다. "부인께서는 왜 이 구절들을 따라 읽지 않으십니까?"

"저는 읽지 않아요. 신도 나를 버렸고 저 또한 알라신을 잊어버렸습니다."

그러나 그의 상심한 듯한 얼굴을 보자 곧 마음이 약해졌다. 어쨌든 그는 내가 불러왔고 이 모든 일이 마무드를 위한 것이 아닌가? "읽겠어요." 나는 낡은 코란책을 집어들며 말했다. 내가 코란을 펼치자 한 구절이 눈에 들어왔다.

모하메드는 신의 사자다, 그와 함께 하는 신도들은 불신
자들을 냉대하라 …….

내 머릿속에서는 마을에서 살해된 기독교 신자였던 소녀와 그녀가 죽은 후 바로 내 정원에 자욱하게 서렸던 안개, 그리고 무엇보다도 마무드에게 덮친 병명 없는 질병 등에 관한 생각들이 맴돌았다. 이 사건들이 어떤 연관성이 있는 것은 아닐까? 어떤 노한 귀신이라도 나와 마무드를 기독교 신자들과 연관시키는 것은 합당치 않지 않은가? 나는 치를 떨었다.

모슬렘 성직자는 의식을 행한 후에 아주 만족스러운 듯한 표정을 보였다. 내가 그렇게 적극적인 반응을 보인 것도 아닌데 그는 사흘 동안 계속 방문하여 마무드에게 손을 얹고 기도문을 낭송했다.

마무드는 일련의 의혹스러운 사건들의 의문을 풀어 주기라도 하듯이 차도 있게 건강이 회복되어 갔다.

이 모든 일들을 어떻게 해석하면 좋은가? 나는 이 원인들을 꼭 밝혀내고야 말겠다는 결심이 들었다. 이대로 계속 가다가는 어떤 사건이 또 일어나서, 평생토록 익숙하게 알아온 나의 세계를 산산조각 내버릴지도 모르니까 말이다.

제 2 장
이상한 책

　그 사건들을 겪은 후에 나는 코란을 통해서 의문을 풀어보기로 했다. 어쩌면 코란이 이 사건들을 설명해 줄만한 해답을 제시해 줄 뿐만 아니라, 내가 느끼는 텅빈 공허감도 채워 줄 수 있으리라 믿었기 때문이다. 우리 부모님은 삶의 어려운 고비에 부딪힐 때마다 꼬불꼬불한 아랍어로 인쇄된 코란에서 그 열쇠를 찾아내곤 하셨다.

　나는 물론, 이전에도 코란을 통독한 적이 있었다. 우리가 거룩한 책을 읽을 수 있도록, 처음으로 아랍어를 배우기 시작한 때가 정확히 언제였는지도 기억이 난다 ― 그때 나는 정확히 4년 4개월 4일째 된 어린아이였다. 이 날부터 모든 모슬렘 어린아이들은 그 어려운 아랍어를 실타래 풀어가듯이 조금씩 익히기 시작한다. 그리고 그날은 어린아이를 위하여 모든 일가 친척들이 몰려와 큰 잔치를 열어 준다. 바로 그날 전통적으로 열리는

22

큰 잔치가 있은 후 우리 마을 물라의 아내가 내게 아랍어의 기초를 가르치기 시작했었다.

특별히 '파테'(Fateh) 아저씨가 기억난다(파키스탄에서는 나이드신 친척들을 누구든지 아저씨나 아주머니로 부르기 때문에, 파테 아저씨가 친삼촌은 아니었지만 우리 어린애들은 그를 위대한 파테 아저씨라고 불렀다). 그는 우리 가족과 가장 가까운 친척이며 또한 존경받는 분이었다. 바로 내가 4년 4개월 4일이 되던 날, 잔치가 치러지는 동안 파테 아저씨는 나를 주의깊게 관찰하고 있었다. 그가 내게, 천사 가브리엘이 모하메드에게 코란의 말씀을 전해 주기 시작했다는 A.D. 610년의 운명적인 "능력의 밤(Night of Power)" 이야기를 또 한번 내게 들려주었을 때 매부리코에 윤곽이 뚜렷한 그의 얼굴은 기쁨으로 빛나고 있었다. 내가 코란을 한 번 통독할 수 있기까지는 모두 7년이 걸렸는데, 가족들은 그날도 큰 잔치를 열어 주면서 거룩한 책 읽기를 마친 것을 축하해 주었다.

어린 시절, 코란을 매일 읽는 것은 의무적인 것이었다. 그날도 또다시 코란을 열면서 한 페이지씩 주의깊게 읽고 연구해야겠다는 결심을 했다. 그리고는 푹신한 솜털침대에 기대어 한때 어머니의 책이었던 코란을 펼쳤다. 처음에 나오는 구절부터 묵상하기 시작했다. 젊은 선지자인 모하메드가 히라(Hira) 산의 동굴에 혼자 앉아 있을 때 그에게 전달된 첫번째 메시지가 나온다.

　　낭송하라: 당신의 창조주는 그의 이름으로 혈육을 가
　진 인간을 지으셨다.
　　낭송하라: 그리고 당신의 주님은 가장 관대하신 분이

다. 인간이 모르는 비밀을 펜으로 가르치셨다.

처음엔 이 구절을 묵상하는 동안 시구의 아름다움에 정신을 잃고 있었다. 그러나 읽어 내려가다가 곧 나에게 조금도 위안을 주지 않는 구절에서 눈길이 멈추어졌다.

> 당신은 여자들과 살다가 정한 기한이 찼으면 이혼하되, 그 여자들을 관대하게 데리고 있거나 아니면 친절하게 내보내라.

남편이 내게 더이상 사랑하지 않는다고 말했을 때 그의 눈은 검은 칼날 같았다. 나는 그 말에 몸서리가 쳐졌다. 수년 동안이나 동거동락해 온 결혼 생활을 이렇게 끝장내자는 말인가? 코란이 말하는 것처럼 나 역시 "정한 기한이 찬 여자"로 취급받아야 한다는 말인가?

다음날 아침 다시 코란을 집어들었다. 내가 그렇게도 절박하게 찾고 있는 어떤 확증이 나오기를 간절히 기대했다. 그러나 확증은커녕, 코란에는 어떻게 살아야 한다는 율법과 다른 종교를 믿는 신도들에 대한 경고들로 가득 차 있었다. 코란이 설명하는 바, 소위 초대 기독교 신자들에 의해 오도되었다는 선지자 예수에 대한 언급도 있었다. 코란에는 예수를 처녀가 잉태하기는 하였으나 그가 하나님의 아들은 아니라고 쓰여져 있다. 또 코란에는 기독교인들이 믿는 삼위일체의 개념을 부정하는 엄격한 경고가 있다.

> 그러므로 그대는 "셋"이라고 말하지 말라.

그대를 위해 삼가한 것을 경고하노니,
하나님은 오직 한 분이시다
(God is only One God).

  며칠 동안 코란에 몰두하면서 내 생활 전체를 코란의 원칙에
적용시켜 보려고 애썼다. 그러던 어느날 오후, 한숨을 쉬면서
그 거룩한 책을 내려놓고 정원으로 걸어나갔다. 정원은 그 신선
한 자연으로 내가 평온을 찾는 데 도움을 줄 뿐만 아니라 오래
전 과거의 기억을 회상하게 해주기도 하는 곳이다. 이맘 때면
숲의 싱그러운 청록이 아직 그대로 남아 있고 군데군데 활짝 핀
화려한 색깔의 알리섬꽃들이 아롱져 있다. 가을 날씨치고 따뜻
했다. 어린 시절 아버지와 함께 걷던 바로 그 길목을 마무드가
뛰면서 가로질러 가는 모습이 보였다. 나는 아버지를 생생하게
기억한다. 아버지는 국무장관 복장을 전통적인 영국식으로 말끔
하게 차려 입으시고, 거기에 흰 터번(turban)을 머리에 쓰신 멋
진 모습으로 나와 나란히 걷곤 하셨다. 아버지는 내 이름을 애
칭으로 줄이지 않고 본명 그대로 부르기를 좋아하셨다. 그리고
나 또한 그렇게 불리워지는 것이 좋았다. 내 이름 빌퀴스 술타
나(Bilquis Sultana)는, 유명한 시바 여왕의 첫 이름이었던 빌
퀴스와 왕족에게만 붙여지는 이름인 술타나가 합쳐진 칭호였기
때문이다.
  아버지와 나는 달콤하고도 진지한 대화를 주고받았다. 내가
어른이 된 후에는 우리의 신생국가인 파키스탄에 대하여 즐겁게
대화를 나눌 지경이었다. 아버지는 우리 모국에 대해 퍽 자랑스
러워하시며 종종 이렇게 말씀하셨다. "파키스탄 이슬람공화국은
특별히 남아시아 모슬렘들을 위해 설립된 국가다. 세계의 이슬

람 통치권 아래 있는 가장 큰 나라 중에 하나야!" 그리고 늘 강조해서 덧붙이는 말씀이 있었다. 그것은 우리 국민의 96퍼센트가 모슬렘이며, 그 나머지는 불교신자, 기독교인, 힌두교도가 잡색 그룹으로 미미하게 흩어져 있다는 것이었다.

나는 한숨을 쉬면서 정원 너머의 언덕을 멀리 바라다보았다. 아버지와 함께 있을 때면 서로의 마음이 통하는 특별한 기쁨을 느낄 수 있었다. 아버지는 연세가 지긋하신 후에도 나를 친한 말동무로 여겨 주셨고, 우리는 자주 국가의 급변하는 정치 상황에 대해 토론하면서 서로의 의견을 나누었다. 아버지는 친절하시고 자애로우시며 이해심이 깊으신 분이었다. 그러나 이제 이 세상에 계시지 않는다. 나는 지금도 아버지가 런던 교외에 있는 브룩우드의 회교사원 묘지에 안장되실 때, 그의 무덤 옆에 서 있던 날이 생각난다. 아버지는 수술을 받기 위해 런던까지 가셨는데 끝내 회복되지 못하셨다. 숨을 거둔 지 24시간 안에 매장하는 것이 모슬렘 관례였으므로 내가 도착했을 때는 이미 관이 무덤 안으로 내려지고 있었다. 나는 이제 더이상 아버지를 볼 수 없다는 슬픈 사실을 믿을 수가 없었다. 내가 간청하는 바람에 사람들이 아버지를 마지막으로 한번 더 볼 수 있도록 관 뚜껑을 열어 주었다. 그러나 관 속에 누워 있는 차갑게 식은 회색의 시신은 이미 아버지가 아니었다. 그는 어디로 가신 걸까? 관 뚜껑을 다시 덮는 망치소리가 가슴을 아프게 때리는 동안, 내내 거기 서서 아버지가 어디로 가신 것일까 하는 생각에 사로잡혀 있었다. 그리고 그로부터 7년 후 다정하시던 어머니마저 돌아가시자 나는 그 어디에도 의지할 사람 없는 외톨이가 되어버렸다.

이런저런 생각을 하는 동안 어느새 정원에는 긴 그림자가 드리워지고 나는 그 황혼 가운데 서 있었다. '아니다, 기억 속에서 위안을 얻으려는 것은 어리석다. 위로는커녕 아픔만 가져올 뿐이다 …….' 멀리 사원에서 저녁기도 시간을 알리는 소리가 들려왔다. 사람을 따라잡는 듯한 이 소리는 쓸쓸함을 가중시켰다.

"어디에 계십니까? 오! 알라신이여." 나는 그 기도 소리를 따라 속삭였다. "당신이 약속한 위안은 도대체 어디에 있단 말입니까?"

그날 저녁 침실로 돌아와 어머니에게서 물려받은 코란을 다시 집어들었다. 그리고 읽는 동안에 다시 한번 유대교나 기독교 서적을 참고로 하는, 많은 각주가 달려 있는 것을 발견하였다. 그때 나는 '찾고 있는 해답을 얻으려면 코란보다 먼저 쓰여진 이 책들을 한번 연구해 봐야 하지 않을까?' 하는 생각이 어렴풋이 들었다.

그것은 성경을 읽어야 한다는 것을 의미하는데 누구나 알고 있듯이, 초대 기독교인들이 제멋대로 내용을 고쳐 놓은 성경이 무슨 도움이 되겠는가? 그러나 성경을 한번 읽어 보아야겠다는 욕구는 점점 더 강해졌다. 성경에는 신에 대한 개념을 어떻게 소개하고 있을까? 선지자 예수에 관해서는 또 뭐라고 적혀 있을까? 그냥 꼭 한번 읽어보고 싶은 호기심이 생겼다. 그러나 문제는 내가 어디에서 그 책을 구하느냐 하는 것이었다. 이 지역에서는 어느 서점에서도 그 책을 팔지 않았다.

라이샴이라면 한 권 정도는 갖고 있을지도 모른다. 그러나 그 생각 또한 떨쳐버렸다. 설사 그녀가 가지고 있다 하더라도 내가 물으면 겁에 질려버릴 것이 틀림없었다. 파키스탄에서는 누구든 모슬렘을 기독교인으로 개종시키는 죄목이 인정되면 어김없이 죽임을 당해왔던 것이다. 그녀 말고 다른 기독교인 하인들도 생각해 보았다. 사실, 가족들은 기독교인을 하인으로 고용해서는 안된다고 충고했었다. 기독교인들은 불성실한 것으로 알려져 있을 뿐만 아니라 믿을 수 없는 인간들이라는 것이었다. 그러나 나는 그런 충고를 곧이곧대로 받아들이지 않았다. 누구든지 자기 임무만 충실히 지켜 행하면 기독교인이라 할지라도 곁에 두었다. 확실히 그들은 그렇게 진실한 사람들은 못되었다. 기독교 선교사들이 인디아에 들어왔을 때 하류층 사람들에게 접근하여 기독교인으로 개종시키는 일이 그리 어렵지는 않았다는 말을 들은 적이 있다. 대부분 기독교인의 직업은 청소부로, 사회 계급으로 치면 가장 하류에 속하는 사람들로서 주로 거리를 청소하거나 쓰레기를 치우는 사람들이었다. 우리 회교도들은 이런 노예 근성이 많고 구걸을 잘하는 인간들을 "거렁뱅이 기독교인(Rice Christians)"이라고 불렀다. 그들이 거짓 종교를 받아들이는 대가로 선교사들로부터 양식과 옷을 받아서 생활하고, 심지어 아이들 교육 또한 그런 식으로 배려받기 때문에 붙여진 별명이었다.

우리는 선교사들을 볼 때도 오락거리로 여겨 재미있게 구경하곤 했었다.

그들은 불쌍한 속물들을 위해 그렇게 바삐 움직일 수가 없었다. 그러던 중에 기억난 것이, 바로 몇 달 전 자가용 운전사인 맨주가 이웃에 사는 선교사들이 우리 정원을 담 너머로 보고서는 감탄을 하면서 한번 들어와 보고 싶어한다고, 그들에게 정원을 보여줘도 되느냐고 물어 본 적이 있었다. "물론이야." 나는 퉁명스럽게 대답했었다. 선교사들에게 잘 보여서 조금이라도 뭔가 더 얻어보려는 불쌍한 맨주의 속셈을 꿰뚫어 보기라도 하듯이. 며칠 후에 나는 서재의 창문 너머로 젊은 미국인 부부가 정원을 가로질러 거니는 모습을 보았다. 맨주는 그들을 데이비드 미첼 목사님과 사모님이라고 불렀다. 두 사람 모두가 옅은 갈색 머리와 갈색 눈을 가졌고, 서양인치고는 단순한 복장을 하고 있었다. '저 사람들은 무슨 재미로 세상을 산담?' 속으로는 검소해 보이는 그들을 비웃으면서도, 그들이 원한다면 꽃씨를 좀 받아 놓았다가 주라고 정원사에게 일렀었다.

그 선교사들에 대해 생각하다가 어쩌면 그들에게서 성경을 얻을 수 있을지도 모른다는 생각이 들었다. 그래서 '맨주에게 한 권 얻어다 달라고 부탁해 봐야겠다'고 작정하고 있었다.

다음날 아침 곧 맨주를 불렀다. 그는 흰색의 긴 바지를 입고 내 앞에 경직된 자세로 서서, 늘 그랬던 것처럼 얼굴을 찌푸렸다 폈다 하면서 어쩔 줄 몰라했다. "맨주, 성경 한 권만 얻어다 줘요." "성경이요?" 그의 눈이 휘둥그래졌다. "그래요!" 나는 일부러 태연하게 대답했다. 맨주는 글을 읽을 줄 모르는 문맹인이므로 그가 성경을 갖고 있지 않으리라는 것은 나도 예상하고 있었다. 그가 중얼거리며 변명을 하는 동안, 나는 재빨리 단호하고 짧게 다시 명령했다.

"맨주, 성경을 가져와요."

그는 고개를 끄덕이고 나서 절을 꾸벅 이고는 나갔다. 그가 왜 머뭇거리는지 알 만했다. 맨주라고 해서 라이샴보다 강할 리 없다. 그들 두 사람 모두 마을에서 일어난 소녀의 살해 사건을 기억하고 있음에 틀림없었다. 청소부에게 성경을 건네주는 일은 있을 수 있다 하더라도 중류층 이상의 사람들에게는 그리 쉽게 생각할 수 없는 일이 아닌가! 그것은 마치 그를 함정의 도가니로 밀어넣는 것과 다를 바 없었다.

이틀 후, 맨주가 나를 라왈핀디에 사는 투니의 집으로 데려다 주는 중의 일이었다.

"맨주, 나는 아직 성경을 받지 않았어. 기억하고 있겠지?"

나는 뼈마디가 하얗게 드러나도록 핸들을 쥐는 그를 볼 수 있었다.

"마님, 한 권 얻어다 드리겠습니다요."

사흘 후에 나는 다시 그를 불렀다.

"맨주, 세 번이나 성경을 가져오라고 말했는데 내 말을 안 듣는군!"

그의 얼굴이 전보다 더 일그러졌다.

"하루 더 기회를 주겠어요. 내일까지 내 말을 안 들으면 당신은 해고야, 알겠어요?"

그의 얼굴이 더욱 하얗게 질렸다. 내가 허튼 소리를 하지 않는 사람이라는 것을 그도 잘 알고 있었다. 그가 왼쪽으로 커브를 틀면서 클러치를 밟을 때 신고 있던 장화에서 철컥 소리가 났다.

다음날 투니가 오기 바로 직전, 작은 성경 한 권이 아래층 서재의 책상 위에 놓여 있었다. 나는 그것을 집어들어 앞뒤로 자세히 살펴보았다. 그것은 인도의 일부 지역 방언인 우르두(Urdu) 어 성경이었는데, 겉장은 볼품없는 회색 종이로 싸여 있었다. 더구나 180년 전 영국인에 의해 번역된 책이었으므로 어휘들은 이해하기 어려운 고어투성이었다. 맨주는 이 책을 친구에게서 얻은 것임에 분명했다. 나는 거의 새 책인 것 같은 그 책을 한장 한장 넘기다가 덮어두고는 곧 잊어버리고 있었다.

몇 분 후에 투니가 도착했다. 마무드는 기뻐 소리를 지르면서 제 엄마의 등뒤로 먼저 달려갔다. 엄마가 장난감을 또 사온 것을 짐작한 모양이었다. 조금 후 마무드는 새 장난감 비행기를 몰고 문 밖으로 달려 나갔고, 나는 딸과 마주앉아 차를 마셨다.

투니가 책상 위에 놓인 성경을 발견한 것은 바로 그때였다. "어머나, 이건 성경이 아니에요?" 딸애가 깜짝 놀라는 얼굴로 물었다. "한번 열어서 뭐라고 써 있는지 보시지 그래요." 우리 가족에게는 종교 서적이라면 소홀히 여기지 않는 습관이 있었다. 그럴 뿐만 아니라 거룩한 책을 손에 잡히는 대로 편 다음 눈을 감고 손가락으로 집어, 그 구절을 읽고 그것을 예언처럼 받아들이곤 했다.

나는 가벼운 마음으로 성경을 열고 그 펼쳐진 곳을 내려다보았다.

그런데 참으로 신기한 일이라고밖에 할 수 없는 일이 일어났다. 내 시선은 책 오른쪽 페이지 아래에 있는 한 구절에 집중되었고, 곧 눈에 들어오는 그 구절을 읽기 위해 허리를 굽혔다.

> 내가 내 백성 아닌 자를 내 백성이라, 사랑치 아니한 자를 사랑한 자라 부르리라 너희는 내 백성이 아니라 한 그곳에서 저희가 살아 계신 하나님의 아들이라 부름을 얻으리라(롬9:25,26).

나는 숨을 죽이고 몸을 떨었다. 하필이면 왜 이런 구절이 걸린단 말인가? "내가 내 백성 아닌 자를 내 백성이라" 부르겠다니 …… 그리고 "내 백성이 아니라 한 그곳에서 저희가 살아 계신 하나님의 아들이" 된다니!

방안에 잠시 침묵이 흘렀다. 투니는 내가 무언가 눈에 들어오는 것을 읽기만을 조용히 기다리고 있던 모양이었다. 그러나 나는 그 구절을 소리내어 읽지 못했다. 그 구절을 재미삼아 읽

고 지나치기에는 너무나 심오한 어떤 의미가 담겨 있을 것만 같
았다.

"엄마, 뭐라고 써 있죠?" 투니가 눈을 반짝거리면서 물었다.

나는 이런 게임이 즐겁지 않다며 몇 마디 중얼거린 후 책을
덮어두고 화제를 바꾸었다.

그러나 그 구절은 마음속에서 장작에 불이 붙은 것처럼 활활
타오르고 있었다. 이 불꽃은 내가 뒤이어 꾸게 된 이상한 꿈들
의 전조였다고 보아야 옳을 것이다.

제3장
묘한 꿈

그날 나는 회색 성경을 다시 손에 쥐었다. 화제를 바꾼 다음부터는 투니도 그렇고, 나도 다시는 성경에 관한 언급을 하지 않았다. 그러나 그날 오후 내내, 그 구절이 내 의식의 언저리에서 들끓고 있었던 것은 웬일일까?

다음날 초저녁에 침실로 들어와 쉬면서 묵상할 채비를 차린 뒤, 성경을 손에 쥐고 폭신폭신한 침대 위로 비스듬히 기대었다. 다시 한번 그 페이지를 열어 보고 싶었다. 그런데 그 장에는 또 다른 수수께끼 같은 구절이 적혀 있었다.

> 의의 법을 좇아간 이스라엘은 법에 이르지 못하였으니(롬9:31).

'아 ─!' 하고 나는 무릎을 쳤다. 코란이 말하는 대로 유대인

34

들은 과녁을 빗나간 것이다. 나는 이 글을 쓴 사람은 모슬렘임에 틀림없다고 생각했다. 왜냐하면 계속해서 하나님의 의를 알지 못했던 유대인의 잘못을 지적하고 있었기 때문이다.

그러나 그다음 장의 구절은 내 숨을 덜컥 멈추게 했다.

> 그리스도는 모든 믿는 자에게 의를 이루기 위하여 율법의 마침이 되시니라(롬10:4).

나는 성경책을 잠깐 내려놓았다 "그리스도"라고? 그가 율법에 대해 끝을 낸 자라고 ……? 나는 계속해서 읽어 내려갔다.

> 말씀이 네게 가까와 네 입에 있으며 네 마음에 있다 하였으니 곧 우리가 전파하는 믿음의 말씀이라 네가 만일 네 입으로 예수를 주로 시인하며 또 하나님께서 그를 죽은 자 가운데서 살리신 것을 네 마음에 믿으면 구원을 얻으리니(롬10:8,9).

나는 머리를 가로 저으면서 성경을 다시 덮었다. 이 구절은 코란과 상반되는 구절이었다. 모슬렘에서는 선지자 예수가 단지 인간에 불과하며, 그는 십자가 위에서 죽은 것이 아니라 하나님에 의해 하늘로 이끌려 올라갔고, 그 대신 그와 비슷하게 생긴 사람이 십자가에 매달아졌다는 사실을 잘 알고 있었다. 그 예수는 저층(低層) 하늘에서 맴돌고 있다가 언젠가는 40년간 다스리기 위해 다시 지구로 돌아올 것이다. 그의 어머니 마리아는 아이들을 여럿 둔 후에 죽었다. 실제로는 모하메드가 묻혀 있는 도시인 메디나에도 예수의 무덤이라고 알려진 빈 무덤이 있다는 소리를 들은 적도 있다. 부활하는 마지막 날에, 예수는 다른 인간들과 함께 전능자이신 하나님 앞에 심판받기 위해서 서게 될 것이다. 그러나 이 성경은 예수가 죽었다가 다시 살아났다고 기록하고 있지 않은가? 이것은 참람한 언급이 아닐 수 없었다. 그러나 그게 사실이라면 ……?

내 마음은 소용돌이쳤다. 나는 누구든 알라신의 이름을 부르는 자는 구원을 얻으리라는 진리를 알고 있었다. 그런데 예수 그리스도를 알라신으로 믿으라는 것인가? 가장 위대한 하나님의 사자이며 마지막 메신저로서 선지자 시대를 봉한 모하메드도 불사신이 되지는 못했다. 그렇지 않은가?

나는 두 눈을 손으로 가리고 침대에 누웠다. 만일 성경과 코란이 똑같은 하나님을 가르치고 있다면 왜 그렇게 많은 혼돈과 모순이 야기되고 있는 것일까? 만일 코란의 하나님이 복수와 징벌의 신이고 기독교 성경에서 말하고 있는 하나님은 자비와 용서의 신이라면, 그 둘은 같은 하나님을 설명하고 있는 것일까? 나는 그날 고민하면서 깊은 잠에 빠져들었다.

나는 원래 꿈을 잘 꾸지 않는 사람인데 그날 밤엔 꿈을 꾸었다. 그것도 현실처럼 느껴지는 아주 선명한 그런 꿈이었으므로, 잠이 깬 후 그것이 일몽이었다는 사실조차 오히려 믿어지기 어려웠다. 그 꿈의 내용은 다음과 같다.

나는 예수라고 불리우는 사람과 저녁식사 자리에 함께 앉아 있었다. 그는 나를 방문하여 이틀 동안이나 우리집에 머물고 있었다. 그는 나와 마주보는 자리에 앉아 있었는데, 우리가 식탁에 둘러앉아 정찬을 즐기는 동안 평화와 기쁨이 가득했다. 그리고는 갑자기 장면이 바뀌었다. 이번에는 산꼭대기에 다른 남자가 서 있었다. 그는 헐렁해 보이는 이상한 옷을 몸에 걸쳤고 샌들을 신고 있었다. 나는 신기하게 그의 이름을 알아맞추었다. 세례 요한. 얼마나 이상한 이름인가. 나는 이 사람 세례 요한에게, 최근에 예수가 나를 방문하셨다는 소식을 이야기하고 있었다. "주님이 우리집에 오셔서 이틀 동안 손님으로 계셨었는데 어디론가 사라지셨어요. 그분이 어디에 계시죠? 난 그분을 찾아야만 해요. 아마 당신 세례 요한은 나를 그분에게로 데려다 주실 수 있겠지요?"

나는 잠에서 깨면서도 그의 이름을 크게 외치고 있었다. "세례 요한! 세례 요한!" 눌잔과 라이샴이 놀라서 내 방으로 뛰어들어왔다. 그들은 내가 소리지르는 바람에 당황하여 재빨리 화장 도구를 챙겨왔다. 그들이 시중을 들어주는 동안 나는 간밤의 꿈 이야기를 해주었다.

"어머나, 정말 멋진 꿈이군요." 눌잔이 향수가 담긴 쟁반을 내밀면서 호들갑을 떨며 말했다. "예, 그 꿈은 축복을 가져올 거예요." 라이샴도 내 머리를 빗기면서 흘려버리듯 말했다. 라이샴은 기독교인인데도 별로 흥분하지 않는 것 같았다. 사실은 그녀에게, 세례 요한에 대해 몇 가지 묻고 싶은 것을 참았다. 라이샴은 단순한 시골 처녀가 아닌가! 세례 요한이란 도대체 누구일까! 나는 그런 이름은 들어 본 적도 없었고, 지금까지 성경을 보면서도 그런 이름은 보지 못했었다.

그후 사흘 동안 코란과 성경을 나란히 놓고, 이 책을 읽었다가 저 책을 읽었다 하면서 시간을 보냈다. 나는 매일같이 하는 의무감에서 코란을 집어들고 묵상하다가는 어느 순간엔가 다시 강렬한 호기심이 고집스럽게 자라나 성경을 들고 여기저기 펼치면서, 새롭게 눈을 뜬 혼돈의 세계에서 헤매는 자신을 발견하곤 했다. 매번 성경을 펼 때마다 말할 수 없는 죄책감으로 시달려야 했다. 아마 엄한 가정교육을 받고 자라난 탓도 있을 것이다. 사춘기가 지난 후에도, 아버지가 선정하여 읽어도 된다고 하신 책들만 읽도록 교육받았다. 한번은 오빠와 내가 아버지 허락 없이 몰래 책 한 권을 방으로 들여온 적이 있었는데, 불량도서가 아니었는데도 우리들은 들킬까 봐 얼마나 두려워했는지 모른다.

그 후에도 마찬가지로, 성경을 펼 때마다 어렸을 때와 똑같은 긴장과 함께 갈등을 느꼈다. 나는 성경을 여기저기 펼쳐서 읽다가 다음의 어떤 이야기에 완전히 매료되었다.

간음을 하다가 현장에서 잡힌 여자를 유대교 지도자들이 선지자에게 데려온 이야기가 써 있었다. 처음엔 끔찍한 운명 앞에 놓인 그 여인이 몹시 딱하게 느껴졌다. 고대 동방의 도덕율도 지금의 파키스탄 사람들이 가지고 있는 윤리와 별반 차이가 없었을 것이다. 그 사회 공동체의 지도자들은 행음한 여인을 전통적인 규율에 따라 처형하도록 되어 있었을 것이다. 사람들은 그 여인을 가차없이 송사하였을 것이고, 그녀의 형제들과 삼촌들과 조카들도 그 죄인을 돌로 쳐 처형할 준비가 되어 있었을 것이다.

> 저희가 묻기를 마지 아니하는지라 이에 일어나 가라사대
> 너희 중에 죄 없는 자가 먼저 돌로 치라 하시고 (요8:7).

마음의 눈으로 남자들이 슬그머니 그 현장에서 도망치는 모습을 지켜보는 동안 나는 놀라움으로 비틀거릴 지경이었다. 예수는 그녀가 법적으로 처형당하는 것을 감독하는 대신에 그녀를 정죄하던 사람들이 먼저 자신들의 죄를 깨달을 수 있게 했다.

나는 그때 그 이야기에 너무 몰두하여 책이 무릎에서 떨어지는 것조차 몰랐다. 선지자의 도전에는 그야말로 정의롭고도 이치에 맞는 진수가 담겨 있었다. 그렇다. 그는 진실을 말한 것이다.

그런데 사흘 뒤에 나는 두번째로 이상한 꿈을 꾸었다.

침실에 누워 있는데, 하녀가 들어와서 향수 판매원이 왔다고 말했다. 곧바로 몸을 일으켰다. 이때는 마침 파키스탄에서 수입된 향수 제품이 품절된 형편이었기에, 내가 좋아하는 향수를 구하지 못할까 봐 그렇지 않아도 한참 걱정하고 있던 중이었다. 그 반가운 소식에 기쁜 마음으로 향수 판매원을 집안으로 데리고 들어오라고 하녀에게 일렀다.

그 향수 판매원은, 마치 우리 어머니 시대의 도자기 장수들이 집집마다 방문하여 귀한 그릇을 팔러 다닐 때 입었던 옷차림과 비슷한 복장을 하고 있었다. 까만색 롱코트를 입은 그는 그의 진귀한 상품을 조그만 여행용 가방에 가지고 있었다. 그는 가방을 열어서 황금색 향수병을 꺼냈다. 그리고는 마개를 열어 향수를 내 앞으로 내밀었다. 나는 그 냄새를 맡기 위해 고개를 숙이고 힘껏 숨을 들이마셨다. 향수는 마치 수정처럼 맑은 빛으로 흔들렸다. 나는 끝내 향에 못 이겨 향수병을 잡으려고 손을 내밀었다. 그러나 그 향수 판매원은 가로막았다.

"안돼요." 그는 황금색 향수병을 가지고 내 방을 가로질러 걸어가더니 바로 침대 옆의 테이블 위에 올려놓으면서 이렇게 말했다. "이 향수는 세상 모든 나라들 위로 쏟아 부어져 향기를 발하게 될 것입니다."

아침에 눈을 떴을 때까지 그 꿈은 마음속에 생생하게 살아 있었다. 창문으로 햇살이 비쳐 들어오고 있었고, 아직 방안을 짙게 감싸고 있는 아름답고 절묘한 그 향기를 이내 맡을 수 있었다. 혹시라도 아직 그 황금색 향수병이 놓여 있지 않을까 해서 눈길을 테이블 위로 돌렸다. 그런데 그 향수병이 놓여졌던 바로 그 자리에 성경이 놓여 있는 것이 아닌가!

뭔가 짜릿한 섬광이 스쳐 지나가는 것을 느꼈다. 나는 침대 가장자리에 앉아 두 꿈에 대해 깊이 생각해 보았다. 어떻게 해석해야 좋을까? 나는 수년 동안 별다른 꿈을 꾼 적이 없었는데, 요즈음 들어 두 번이나 연속해서 이상하리만큼 선명한 꿈을 꾼 것이다. 이 두 꿈이 서로 무슨 연관이 있는 걸까? 아니면 얼마 전에 정원에서 경험한 초자연적인 세계의 실재와 어떤 관련이 있는 것일까?

그날 오후, 나는 평소 습관대로 정원을 거닐고 있었다. 여전히 그 이상한 꿈에 흠뻑 취해 있는 기분이었다. 무엇인가 나를 끌어당기는 힘이 있었다. 지금까지 전혀 맛보지 못한 평화와 희락이 거기에 있었다. 정원의 그늘진 곳으로 걷다가 햇살이 쏟아지고 있는 넓은 터로 발걸음을 옮겼다. 그런데 어디서부터인지 사랑스러운 향기가 바람에 실려와 나를 감싸는 것이 아닌가! 꽃이 피는 계절은 이미 지났으므로 정원의 꽃내음은 아니었다. 그러나 신선하게 살아 있는 그 향기를 분명히 맡을 수 있었다.

나는 소용돌이치는 마음을 안고 집으로 돌아왔다. 그 향기는 어디에서 온 것일까? 나에게 무슨 일이 일어나고 있는 것일까? 누구에게 털어놓고 이야기해야 좋을까? 성경을 잘 알고 있는 사람에게 물어 보아야겠지. 기독교인 하인들이 떠오르기는 하였으나, 무엇을 물어서 정확한 것을 알아내기에는 그들 또한 적당한 인물이 아니었다. 우선 그들은 성경을 한 번이라도 제대로 읽어 본 적도 없을테고, 아마 내가 무엇을 묻고 있는지조차 이해하지 못할지도 모른다. 아무래도 교육을 받은 사람으로 성경도 아는, 그런 사람을 찾아보아야 할 것 같았다.

그런 생각을 하는 동안 놀라운 생각이 떠올랐다. 그리고 이내 그 생각과 싸워야만 했다. 그래서는 안된다는 생각이 들기도 했지만 그 이름이 강권적으로 마음속에 맴돌았기 때문에 결국 나는 맨주에게 전화를 했다. "차를 좀 대기시키세요." 아니, 그보다 더 좋은 생각이 번뜩였다. "내가 직접 운전하겠어요." 맨주는 깜짝 놀라서 물었다. "마님이 직접 하신다구요?" "예. 마님, 정 그러시다면 …… 알겠습니다." 그는 선뜻 내키지 않는 목소리로 대답하고는 차를 두고 갔다. 요 근래에는 밤늦게 혼자 운전해서 외출하는 일을 삼가해 왔으나, 2차 대전 당시만 해도 인도에서 첫째로 손꼽히는 여군부대의 장교로 근무하며 병원 응급 차량과 직원 수송차를 몰고 안가 본 곳 없이 수천 마일을 달리기도 했었다. 그때는 전시였고 나 또한 한 보병대에 속해 있었으므로 운전도 하고 다녔지만 나왑 귀족의 딸이 하인을 부리지 않고 혼자서, 더구나 밤에 운전대를 붙들고 나서는 일은 좀처럼 있을 수 없는 일이었다.

그러나 맨주에게 행선지를 알리고 싶지 않았을 뿐만 아니라 뒷전에서 하인들이 쑥덕거리게 하고 싶지도 않았었다. 무슨 수를 써서라도 마음속에 일어나는 질문들에 대한 해답을 찾아야 했다. 세례 요한이란 대체 누구이며, 그 향기의 정체는 무엇일까?

여러 번 망설이던 끝에, 저녁 느즈막에야 그해 여름에 우리 집 정원을 구경하러 왔던 데이비드 미첼 목사 부부를 찾아갈 결심을 한 것이다. 기독교 선교사들에게 얼굴을 비치고 싶지 않은 자존심에도 불구하고 말이다.

제4장
만 남

내 까만 차 멜세데스는 차고를 빠져 나오느라고 꾸물댔다. 맨주는 가을 냉기로부터 차를 따뜻하게 보호해 두기 위해 마지막 순간까지도 닫아 뒀던 차고문 옆에 서 있었고, 그의 까만 눈이 나를 의아한 듯이 응시했으나 아무 말도 하지 않았다. 나는 아직 따뜻한 공기가 채워져 있는 차 안으로 들어가 운전대를 잡고 황혼길을 달리기 시작했다. 그리고 바로 옆에는 성경을 놓아 두었다.

이 동네 사람들은 모두 와마을 구석구석에 누가 살고 있는지를 잘 알고 있었다. 그 선교사 집은 한때 우리 가족이 집세의 일부를 정기적으로 거두어 들이기도 했던, 와마을의 시멘트 벽으로 둘러싸인 구역 입구에 자리하고 있었다. 그곳은 타운에서 5마일 정도 떨어져 있었는데 작고 이색적인 모양을 한 가옥들의 중심지였다. 사실 그 집들은 2차대전 동안 영국 부대가 주둔하

42

기 위해 임시로 세웠던 건물들이었다. 그리고 보니 전에 몇 번 이곳에 와 보았던 기억이 났다. 단조롭게 똑같은 구조로 쭉 이어져 있는 가옥들은 낡아서 여기저기 페인트가 벗겨져 얼룩덜룩했고, 양철지붕의 여러 군데 땜질한 자국들이 눈에 띄었다. 이 길을 들어서면서 내 가슴속에서는 두렵고 떨리는 마음과 부푼 기대가 서로 엇갈렸다. 선교사의 집에 발을 들여놓은 것은 그때가 난생 처음이었다. 무엇보다도 신비에 싸인 세례 요한이 누구인지 알게 되기를 바랄 뿐이었다. 그러나 한편으로는 몹시 두려워하고 있었다 — 뭐라고 하면 좋을까? 영향력? — 그렇다! 대답해 주는 사람들이 무슨 강한 영향력을 끼쳐 오래된 기존의 신앙에 변화를 가져올까 봐 두려운 것이었다.

　내가 기독교 선교사의 집 문턱에 들어선 것을 우리 선조들이 아신다면 노발 대발하실 게 뻔하다. 아프가니스탄 전쟁 때 그 유명한 영국의 니콜슨 장군과 함께 키버 패스(Khyber Pass)를 건넜던 증조할아버지 생각이 떠올랐다. 나는 그때 위험스런 방문으로 가문을 더럽히고 있음이 분명했다. 우리는 언제나 선교사들을 가난한 자들이나 사회에서 소외된 하류 인간들과 한 부류로 취급해 왔었다. 그런 집에 발을 들여놓다니! 가까운 친척인 삼촌과 이모들 앞에서 이상한 꿈 이야기를 장황하게 설명하며 변명하는 처량한 내 모습도 상상해 보았다. 그러나 마음속에 일어나는 갈등에 대하여 용단을 내리고 스스로 위안을 삼았다. '어떤 사람이라도 그렇게 생생한 꿈을 꾸었다면 그 뜻을 알아보고 싶어하는 건 당연해.' 어둑어둑한 황혼 속에서 보니 더욱 단조로와 보이는, 같은 모양의 베란다가 붙은 단층집만 제외하면 옛날과 별로 달라진 게 없었다. 좁은 길을 위아래로 달리면서 살펴보다가 드디어 미첼 씨 집을 발견했다. 미첼 씨 집은 짐작했던 대로 뽕나무길과 접해 있었는데 회칠한 시멘트로 된 방갈로식 집이었다. 처음에는 차를 집에서 멀리 떨어진 곳에 세우려 하였으나, 일가 친척들에게 들킬까봐 조심하는 지나친 걱정을 몰아내고 그 집 앞뜰에 세웠다. 나는 성경을 들고 재빨리 그 집 안으로 발걸음을 재촉했다. 집 뜰이 단정하게 가꾸어져 있고 베란다도 깨끗이 잘 정돈되어 있는 점이 맘에 들었다. 적어도 선교사들은 집안 가꾸어 놓는 일을 소홀히 생각치는 않는 모양이다.

갑자기 집 문이 열리면서, 그 안에 가득 모여 떠들던 동네 여자들이 문밖으로 뛰어 나왔다. 그들은 전통적인 샬와콰미즈(Shalwarqamiz ― 느슨하게 지어진 무명바지와 웃도리) 차림에 두파타(dupatta ― 스카프)를 쓰고 있었다. 그 순간 경직된 나, 그러나 그들은 내가 누군지를 대번에 알아보았다. 와마을에 사는 거의 모든 사람들이 내 얼굴을 알고 있었으니까. 자, 이젠 비굼 쉬이크 마님이 선교사를 찾아왔었다는 소문이 온 동네 여자들 입에 올라 화젯거리로 등장하겠지.

집 문틈으로 새어나오는 불빛으로 나를 알아본 여자들은 쥐 죽은 듯이 조용해졌다. 그들은 우리의 전통적인 인사법 대로 이마에 손을 대고 내게 인사를 한 다음 재빠르게 내 곁을 지나 거리로 나섰다. 이왕 온 걸음을 돌이킬 수 없는 처지였기에 미첼 부인이 유심히 밖을 내다보고 있는 문으로 다가섰다. 가까이 다가갈수록, 그녀는 마을에서 서로 지나칠 때 언뜻 보았던 인상대로 아직 애띤 모습에 창백하고 깡마른 여인이라는 것을 알 수 있었다. 미첼 부인은 마을 여자들처럼 샬와콰미즈를 입고 있었다. 그녀는 나를 보자마자 순간적으로 놀라며 입을 열었다. "어머나, 비굼 쉬이크 마님이 어쩐 일이세요?" 그녀는 크게 당황한 듯하였으며 이내 안으로 들어오라고 말하였다.

　동네 여자들의 눈총으로 등이 따갑던 터에 들어오라는 그 말이 그지없이 반가왔다. 나는 검소한 가구들로 정돈되어 있는 작은 거실에 안내되었고, 미첼 부인은 그래도 제일 편안해 보이는 안락의자를 화롯가로 끌어당겨 놓았다. 그녀는 자리에 앉지 않은 채 손 깍지를 꼈다뗐다 하며 서 있었고, 나는 방 한가운데에 둥그렇게 배열해 놓은 의자들을 물끄러미 쳐다보고만 있었다. 그녀는 지금 막 동네 아주머니들과 성경공부를 마쳤다고 설명했다. 그러더니 "저, 차 한잔 드시겠어요?" 하고 물었다. "아뇨, 저는 괜찮아요." 나는 그녀를 주시하며 말했다. "사실은 물어보고 싶은 게 하나 있어서 왔어요. 미첼 목사님은 안에 계시나요?"

　"아니요, 아프가니스탄에 볼 일이 있어서 거기에 가셨어요."

　그 순간 조금 실망스러웠다. 내 앞에 서 있는 이 여자가 내 질문에 대답하기에는 너무 어려 보였던 것이다. 이렇게 애띤 여자가 과연 내 질문에 답을 해줄 수 있을까?

　"미첼 부인." 나는 용기를 내어 물었다. "하나님에 대해서 아시는 게 있으세요?"

　그녀는 한 나무의자에 털썩 주저앉고는 놀랍다는 듯이 나를 쳐다보았다. 그때 방에서 나는 소리라고는 화로에서 불꽃이 타면서 내는 조용한 소음뿐이었다. 한참이 지나서야 그녀는 조용하게 말했다. "하나님을 다 안다고는 말할 수 없지만, 저는 그분을 잘 알아요."

　얼마나 희한한 대답인가. 어떻게 인간이 감히 신을 아는 것처럼 가장할 수가 있을까? 어쨌든 그녀의 확신 있는 대답이 나를 안심시켰다. 나는 상황 판단을 바로 하기도 전에, 이미 선지자 예수와 세례 요한이라 부르는 남자가 출현한 꿈 이야기를 털어놓고 있는 내 자신을 발견할 수 있었다. 이상한 것은 그 이야기를 하는 동안 나도 모르게 자꾸 음성이 커지는 것이었다. 말하는 동안 꿈 속에서 느꼈던 것과 똑같은 흥분된 기분이 되살아났다. 꿈 이야기를 자세히 하고 난 후 의자를 바싹 그녀 앞으로 끌어당기면서 물었다.

"미첼 부인, 나는 예수에 대해 들어서 알고 있어요. 그런데 세례 요한은 누구죠?"

미첼은 눈을 깜박거리더니 이맛살을 약간 찌푸렸다. 내 짐작으로는, 내가 정말 전에 세례 요한이라는 이름을 들어 본 적이 없는지 묻고 싶어하는 것 같았다. 그러나 그녀는 그 질문 대신에 앉은 자세를 고치며 설명하기 시작했다.

"저, 비굼 쉬이크 마님. 세례 요한이라는 사람은 선지자였는데 예수 그리스도의 안내자로 이 세상에 왔어요. 그는 회개를 선포하고 예수 그리스도가 오시는 길을 예비하기 위해 보냄을 받았지요. 그는 예수님을 가리키며 외쳤어요. '보라, 세상 죄를 지고 가는 하나님의 어린양이로다.' 그리고 예수께 세례를 준 이도 바로 세례 요한이었지요."

"세례를 준다"는 말을 듣자 가슴이 뛰었다. 기독교인들에 대해서는 별로 아는 게 없었지만 모슬렘이라면 누구든지 기독교인들의 이상한 세례 의식에 관해 익히 들어서 알고 있었다. 머리 속으로는 세례를 받은 후 살해당한 수많은 사람들의 얼굴이 스쳐 지나갔다. 그러한 처형은 영국 식민지 지배하에서 소위 종교의 자유가 있을 때에도 계속되어 왔다. 나는 어렸을 때부터 세례와 죽음, 이 두 가지를 떼어놓을 수 없는 하나의 사실로 받아들이고 있었다. 즉 모슬렘이 세례를 받으면 반드시 처형된다는 사실로!

"비굼 쉬이크?"

나는 그녀를 올려다보았다. 얼마나 오랫동안 말없이 앉아 있었을까?

"미첼 부인." 목메인 소리로 나는 말했다. "내가 모슬렘이라고 생각치 마세요. 말해 주세요. 당신은 하나님을 안다고 했는데 그게 무슨 뜻이죠?"

"전 예수님을 알아요." 미첼은 이렇게만 말했는데, 그것이 내 질문에 대한 대답인 모양이었다. 그녀는 계속해서 말했다. 하나님이 직접 육신을 입으시고 이 세상에 예수라는 이름으로 오셔서, 십자가 위에서 모든 사람의 죄를 담당하시고 죽으신 후, 죄인과 하나님 사이에 막혀 있던 죄의 담을 허시고 어떻게 그녀를 포함한 이 세상 모든 사람들에게 구원을 가져왔는지를 설명하였다.

방안은 다시 조용해졌다. 바깥 어디선가 트럭이 도로 위를 달리는 소리가 났다. 미첼은 말하는 동안 조금도 서두르지 않았다. 나는 어느새 숨을 한번 크게 들이마시고 나서 또박또박 이런 이야기를 털어놓고 있는 자신에게 놀라고 있었다. "미첼, 요즘 우리집 주변에서 이상한 일들이 잇따라 일어났어요. 영적인 일들인 것 같은데, 좋은 일도 일어났고 나쁜 일도 일어났어요. 나는 마치 치열한 전쟁터에서 헐떡이고 있는 기분이 드는데 가능하다면 무슨 도움이든 받고 싶어요. 기도해 주시겠어요?"

미첼은 나의 요청에 굉장히 놀라는 듯하더니 마음을 차분히 가다듬는 것 같았다. 그리고 나서는 내가 서서 기도하기를 원하는지 무릎꿇고 하기를 원하는지, 아니면 앉은 채로 기도하기를 원하는지 물었다. 나는 몸을 움츠렸다. 갑자기 두려움이 몇 배나 더 배가 되어 한꺼번에 덮치는 기분이었다. 서서 하든 앉아서 하든 내게는 생각조차 해볼 수 없는 두려운 일이었다. 그런데 그 작고 여윈 어린 여자가 바닥으로 내려가 무릎을 꿇고 앉는 것이 아닌가? 그리고 나 역시 그녀가 하는 대로 따라 하고 있는 것이 아닌가.

"오, 하나님." 미첼은 부드러운 목소리로 기도하기 시작했다. "제가 무슨 말로 설명을 해도 비굼 쉬이크에게 예수님이 누구신지 납득시킬 수 없다는 것을 잘 압니다. 하나님, 당신은 우리 눈의 비늘을 벗기시고 예수님은 우리 마음에 계시시는 분이심을 찬양합니다. 오, 성령님! 부디 그런 은혜를 비굼 쉬이크를 위해서도 베풀어 주시옵소서. 주 예수 그리스도 이름으로 기도드립니다. 아멘."

우리는 무릎을 꿇은 채로 한참 동안이나 꼼짝 않고 있었다. 나는 그런 침묵이 마음에 들었다. 왜냐하면 이상하게도 내 마음이 점점 따뜻해져 옴을 느낄 수 있었기 때문이었다.

마침내 미첼과 나는 일어섰다. "쉬이크 마님, 손에 들고 계신 것은 성경입니까?" 그녀는 내가 한 손으로 가슴팍에 꼬옥 움켜쥔 회색 책을 고개로 가리키며 물었다. 나는 서슴없이 그 책을 보여주었다. "읽어 보니 어때요?" 그녀가 물었다.

"이해하기 쉬워요?"

"그렇지 않아요." 내가 대답했다.

"워낙 오래전에 번역된 책이라 읽기가 수월하지 않아요."

그녀는 옆방으로 가더니 책 한 권을 들고 나오며 말했다.

"여기 현대어로 된 영어 신약성경이 있어요."

그녀가 말했다. "필립스 역인데 다른 번역서들보다 훨씬 이해하기 쉬운 것 같아요. 한 권 드릴까요?"

"예!" 나는 서슴지 않고 대답했다.

"요한복음부터 읽어 보세요." 미첼은 성경을 열어 조그만 종이쪽지를 꽂아 표시해 놓은 페이지를 보여주었다. "이 요한은 또 다른 사람이에요. 그런데 세례 요한의 역할을 아주 명확하게 기록해 놓았어요."

"정말 고마워요." 나는 손을 잡으며 말했다.

"그러고 보니 미첼 부인의 시간을 너무 많이 빼앗은 것 같군요."

내가 막 일어서려던 참에 미첼이 말했다.

"정말 놀라운 일이에요. 꿈이 당신을 여기까지 오도록 했으니 말이에요. 하나님은 그의 자녀들에게 꿈과 환상으로도 말씀하시지요."

그녀는 내가 코트 입는 것을 도와주었다. 그러는 동안 나는 속으로 망설였다. 두번째로 꾸었던 이상한 꿈 이야기를 해도 될까? 향수 판매원이 나타났던 꿈을, 그것은 정말 희한한 꿈이었다. 그런데 그날 저녁, 그 이상한 저녁에 벌써 몇 번이나 그랬듯이 나는 다시 대담해졌다. 어떤 힘이 나를 대담하게 만드는 것 같았다.

"미첼 부인, 한 가지만 더 묻겠어요. 향수와 예수 사이에 어떤 연관이라도 있나요?"

그녀는 문 손잡이를 쥔 채로 잠시 생각하더니 입을 열었다. "글쎄요, 내 생각에는 별 관련이 없는 것 같아요. 어쨌든 그것에 대해서도 기도해 보겠어요."

차를 몰고 집으로 오는 동안, 나는 그날 저녁 정원에서 맡았던 그 향기로운 존재가 또 한번 나를 감싸는 것을 느꼈다.

그날 밤 집에 돌아와서 "요한복음"이라고 불리우는 장을 열어 천천히 읽어내려갔다. 그 책의 저자인 요한은 세례 요한에 관하여 쓰고 있었다. 세례 요한은 참 이상한 이였다. 그는 낙타 털로 만든 옷을 입고 광야로 나왔는데, 사람들에게 주님이 오시는 길을 예비하라고 외쳤다. 그리고 그토록 편안하게 자리잡은 내 보금자리였던 그 방에서, 지난 칠백 년 동안의 전통과 기억이 얽혀 있는 솜털침대 위에 앉아 있는 내 안에 불안하기 짝이 없는 생각을 스쳐 지나가게 하는 것이었다. 그 불안은 조상님들께 용서받을 수 없는 배도이자 거역이라는 생각이었고, 나는 그 생각들을 뿌리치려고 애썼다. 만일 세례 요한이 하나님으로부터 온 사인(sign)이고 그 사인이 바로 예수를 가리키는 것이라면, 그는 나 또한 예수에게로 향하도록 이정표를 제시하고 있단 말인가? 물론 당치도 않은 생각이었다. 마침내 그런 생각들을 놀아내고 잠이 들었다. 그날 밤에는 정말 깊은 잠을 잤다.

다음날 아침 모스크에서 무에진(muezzin)이 기도 시간을 알리는 소리에 잠을 깼다. 그 소리에 나는 긴장을 풀고 이성을 되찾았다. 어젯밤에 돌아다니며 옥신각신했던 일련의 괴상한 갈등이 사실 얼마나 얼빠진 생각이었던가. 자, 정신을 차리자. 이제는 무에진의 소리가 진리가 놓여 있는 그곳으로 내 마음을 인도할 것이고, 그곳은 편안하고 익숙한 곳이며 골치 아픈 기독교인들의 영향력 때문에 시름하지 않아도 되는 곳이었다.

라이샴은 제시간에 내 방에 들어왔는데, 손에는 차쟁반이 아니라 방금 집으로 전해졌다는 쪽지가 들려 있었다.

그것은 미첼이 보낸 것이었다. 그 안에는 "고린도후서 2장 14절을 읽어 보세요"라고 간결하게 적혀 있었다.

그녀가 준 성경을 들고 한참 동안 뒤적거려서야 그 장과 절을 찾을 수 있었다. 그리고 읽는 동안 숨을 죽었다.

　　항상 우리를 그리스도 안에서 이기게 하시고 우리로
말미암아 각처에서 그리스도를 아는 냄새를 나타내시는
하나님께 감사하노라.

　　나는 침대 위에 걸터앉아서 그 구절을 다시 읽었다. 그 순간
되찾았던 바로 일분 전의 평정은 산산조각이 나버렸다. 예수 그
리스도를 아는 냄새를 향수처럼 각처에 퍼지게 하다니! 꿈 속에
서 향수 판매원은 향수가 든 황금색 병을 침대 옆 테이블에 올
려놓으면서 "이 향수는 모든 나라들 위로 쏟아 부어져 향기를
발하게 될 것입니다!"라고 말했었다. 그리고 그 다음날 아침에
향수가 놓였던 그 자리엔 성경이 놓여 있는 것을 발견하지 않았
는가. 모든 것이 분명해졌다. 나는 더이상 이 일에 대해 생각하
고 싶지 않았다. 내가 해야 할 일은 매일 아침 마실 차를 가져
오라고 벨 누르는 일을 계속할 뿐이었다. 모든 것이 비틀려지기
전에 빨리 벨을 울려 차를 한 잔 마신 후 위기에 놓여 있는 내
삶을 이전의 안전했던 제자리로 재빨리 돌려놓아야겠다고 생각
했다.

　　미첼이 그의 집으로 다시 한번 찾아오라고 초대했지만, 나는
안가기로 결심했다. 그때는 누구의 영향력에 따라 움직일 것이
아니라 내 자신이 먼저 냉철한 마음으로 성경을 읽어 본 다음에
합리적이고 이성적인 결단을 내려야겠다고 생각했기 때문이다.
그러던 어느날 오후 눌잔이 이상하다는 얼굴로 내 방에 들어와
말했다. "마님, 미첼 선교사 부부가 마님을 뵈러 오셨는데요."

　　나는 놀라서 손으로 입을 막았다. 도대체 왜 여기까지 날 찾
아온 것일까? 알 수 없는 일이었으나 예의상 손님을 서재로 모
시라고 지시했다.

옅은 금발머리의 데이비드 미첼 목사는 홀쭉한 몸매에 주름진 눈매를 하고 그의 아내가 그랬던 것처럼 친절하고도 온정어린 눈빛을 갖고 있었다. 그들은 나를 보자마자 무척이나 반가와했기 때문에, 나는 그전에 가졌던 불쾌한 마음을 곧 잊어버렸다.

미첼 부인은 내게로 다가와서 손을 내미는 대신에 나를 꼬옥 끌어안았다. 나는 예상 외의 상황에 기절할 뻔하였다. 나는 가족들 외에는 아무리 친한 친구라도 껴안아 본 적이 없었던 것이다. 나는 뻣뻣해졌으나 미첼은 내 반응에 별로 신경을 쓰지 않는 것 같았다. 내 기억으로는 — 그때를 돌이켜보면 — 솔직히 말해서 기분이 좋았다. 그녀가 애정을 표시하는 모습에는 조금도 가식이 없었다.

"안녕하세요? 이렇게 '꽃부인'을 만나게 되어 기쁩니다." 데이비드 미첼 목사는 쾌활한 미국식 영어 악센트로 소리를 높여 인사했다.

나는 의아한 눈으로 미첼 부인을 쳐다보았는데 그녀는 활짝 웃고 있었다. "설명해 드릴께요. 마님이 우리집에 오셨을 때 저는 그 소식을 당장에 데이비드에게 전보로 알리고 싶었어요. 지난 봄 이곳 정원을 방문한 이후로 저희 부부는 마님에 관해 자주 이야기했었거든요. 마님을 보호해 드리고 싶어서 본명을 쓸 수가 없었어요. 전보에 뭐라고 쓸까 고민하는 동안 창밖을 내다보다가, 마침 마님의 정원사가 준 꽃씨가 자라서 활짝 피어 있는 꽃밭을 보게 되었어요. 그때 좋은 생각이 났지요. 남편과 나는 그날부터 '꽃부인'이라는 별명을 암호로 쓰게 되었지요."

나는 웃었다. "참 재미있군요. 그러나 오늘부터는 그냥 '빌퀴스'라고 불러 주세요."

52

그러자 미첼 부인이 말했다. "그러면 제 이름도 그냥 '신노브'라고 불러 주세요."

그들의 방문은 이상했다. 나는 마음속으로 그들이 내게 자신들의 종교를 받아들이라고 강요할지도 모른다는 조바심이 들었었는데 전혀 그렇지가 않았다. 우리는 자연스럽게 차를 마시면서 대화를 나누었다. 나는 왜 예수가 "하나님의 아들"로 불리워야 되느냐고 물었다. 왜냐하면 모슬렘들에게는 그처럼 참람한 주장보다 더 극악한 죄가 없기 때문이었다. 그리고 코란에서도 신은 자녀를 두지 않았다고 여러 번 진술하고 있었다.

"삼위일체라는 개념이 있을 수 있을까요?" 그리고 진지하게 다시 물었다. "그렇다면 하나님이 셋이라는 말입니까?"

데이비드 목사는 자연에서 예를 들어 비유로 설명하였다. 가령 태양은 각각 에너지원인 열(heat), 빛(light), 발광(radiance)이라는 세 요소가 완전한 조화와 균형 안에 연합한 에너지체이지만 각 요소를 하나씩 떼어내어 태양이라고 부를 수는 없지 않겠느냐고 이야기해 준 다음 그들은 곧 작별 인사를 하고 떠났다.

그후 며칠 동안 나는 또다시 코란과 성경 사이를 헤매었다. 매일의 충성스런 의무감으로 코란을 읽는가 하면, 내부로부터 끊임없이 끓어오르는 갈증 때문에 성경을 탐독했다. 그러다가 다시 죄책감에 사로잡혀 의식적으로 성경을 멀리하려고도 해보았다. 그러나 하나님은 그 두 책 속에 동시적으로 존재할 수 없었다. 왜냐하면 그 두 책에서 말하는 신에 관한 메시지가 서로 너무나 상반된 모순으로 가로놓여 있기 때문이었다. 성경을 집으려고 성경에 손을 댈 때면 말할 수 없는 굴욕감을 느꼈다. 일주일 전까지만 해도 나는 아름다운 미의 세계 속에 파묻혀 살았었다. 그 미의 세계는 내가 꽃씨와 물을 가지고 만든 가시적인 정원이 아닌 영적인 깨달음에서 오는, 눈에 보이지 않는 내면의 정원이었다. 나는 두 꿈을 통하여 그 미의 세계로 들어갔다. 그리고 정원에서 형용할 수 없이 아름다운 어떤 존재의 임재를 느끼던 바로 그날, 그 세계를 확인할 수 있었다. 그리고 나서 미쳴의 집을 방문하도록 계시하는, 은근한 신호에 따르는 나 자신을 통해서 다시 한번 확인되었다.

며칠이 지나면서 내가 그 세계를 원하고 있다는 사실이 점차 분명해졌으며, 그 미의 세계로 들어갈 수 있는 길이 하나 있다는 것도 깨닫게 되었다. 그것은 수많은 변명을 대면서 기독교인들의 그 책을 거부할 수 있을지는 모르나, 그 세계에 다시 들어갈 수 있는 열쇠는 성경을 통해서 만이 가능하다는 확신이었다.

그 사실을 깨닫고 난 후 얼마 안되어서의 일이다. 어린 마무드가 한쪽 머리에 손을 대고서는 신음 소리를 내지 않으려고 애쓰면서 내 방으로 올라왔다. "귀가 많아 아파요." 마무드는 앓는 소리를 내며 말했다.

평소에는 불그스름하고 갈색이던 건강한 안색이 창백해져 있었다. 나는 허리를 굽히고 아이의 귀를 조심스럽게 들여다보았다. 마무드는 불평을 잘하거나 까다로운 아이가 아닌데, 뺨 위로 눈물 자국이 있었다.

나는 아이를 침대 위에 눕히고 나즈막한 목소리로 속삭이며 달래 주었다. 베개 위에 늘어진 아이의 머리카락이 한층 더 새까맣게 보였다. 아이가 잠들기를 기다렸다가 녀석이 잠이 든 후 라왈핀디의 성가(聖家) 병원에 전화를 걸고, 곧이어 애 엄마인 투니에게도 연락을 했다.

다음날 오후 투니와 함께 아이를 병원에 데려갔고, 그 다음날 종합 검사를 받게 되어 있어서 하룻동안 병원에 묵게 되었다. 병원에 있는 동안 나는 보호자에게 주는 조그만 방 하나를 쓸 수 있었다.

저녁 시간이 되어서야 입원 수속이 다 끝났다. 투니는 하루 저녁을 우리와 함께 보내기 위해 시간을 냈다. 마무드는 투니가 가져다 준 색칠공부책에 뭔가를 그려 놓고는 투니와 함께 깔깔 거리며 웃고 있었다. 나는 침대에 누워 성경을 읽느라고 비스듬 히 팔을 괴었다. 물론 코란도 가져왔으나, 단지 의무감 때문에 읽는다 하여도 점점 흥미를 잃어가고 있었다.

그런데 갑자기 전깃불이 깜박거리더니 주위가 온통 캄캄해졌다.

"전기가 또 나갔군요." 나는 신경질을 냈다. "촛불이라도 좀 갖다 줘요." 그러자 곧 문이 열리면서 수녀 한 사람이 방으로 들어오며 등을 비추었다.

"미안하게도 또 불이 나갔지 뭐예요." 수녀는 상냥한 목소리 로 말했다. "잠시만 기다려 주세요. 곧 양초를 가져올께요." 그 제서야 그녀를 알아보았다. 키가 호리호리하고 안경을 쓴 모습, 바로 이 병원의 총책임자로 필리핀 출신 의사인 피아 샌티아고 의사였다. 그때 다른 수녀 한 명이 들어와서 촛불을 주고 갔기 때문에, 방안은 순식간에 따뜻한 빛으로 채워졌다. 마무드와 투니도 방에 들어왔고, 샌티아고 의사도 방에 남아 있었다. 나는 그녀의 시선이 내 성경으로 향하는 것을 금방 눈치챘다.

"좀 같이 앉아도 될까요?" 샌티아고 의사가 물었다. "그럼요, 이리 앉으세요." 나는 그녀가 단지 인사하러 온 것으로 생각하여 자리를 권했다. 수녀복을 입은 그녀가 침대 옆에 놓여 있는 의자로 걸어와 곧 걸터앉았다.

"아, 오늘밤은 정말 정신없이 바쁜 것 같아요." 그녀는 안경을 벗고 손수건으로 이마를 닦으며 말했다.

나는 따뜻한 눈길로 그녀를 바라보았다. 모슬렘들은 누구나 하나님을 섬기기 위해 세상을 포기하고 나선 이런 성녀들을 존경한다. 물론 그들의 믿음이 빗나간 것일지라도 진지한 열정만큼은 인정하는 것이다. 서로 일상적인 인사를 나누는 동안, 그녀가 시간을 끄는 이유를 알아차릴 수 있었다. 그것은 성경 때문이었다. 그녀는 호기심이 가득 찬 눈으로 그것에 눈길을 주고 있었다. 이윽고 자세를 고쳐 앉더니 내게로 바싹 다가오며 안정감 있는 목소리로 물었다.

"쉬이크 부인, 그 성경을 왜 가지고 계시죠?"

"필사적으로 신을 찾고 있는 중입니다." 타고 있던 초가 짐짐 작아지는 동안 나는 처음엔 조심하면서, 그러다가 대담해져 꿈 이야기와 미첼 부인을 방문한 이야기, 그리고 성경과 코란을 비교하면서 연구하고 있다는 이야기를 털어놓았다. 그리고 이렇게 덧붙였다.

"무슨 수를 써서라도 나는 하나님을 찾아야만 합니다. 그런데 당신들이 믿는 신앙은 혼동이 와요."

결국 나는 이 말을 하고 말았다. 그러면서도 내가 헤매던 문제의 정곡을 스스로 지적하고 있었다. "당신네들은 어쩌면 그렇게 하나님을 …… 나도 모르겠어요 …… 어쩌면 그렇게 만들 수가 있을까요? 인격적이고 …… 개인적으로 만날 수 있는 신으로!"

수녀의 작은 눈이 금세 긍휼함으로 차오르고 있었다. 그녀가 몸을 숙이며 말했다. "쉬이크 부인." 그녀의 목소리가 감격으로 충만해졌다. "왜 우리들이 그런 식으로 느끼는지를 알아낼 수 있는 길이 한 가지 있어요. 그건 당신을 위한 방법도 되지요. 좀 생소한 방법이겠지만, 당신이 그토록 찾고 있는 하나님께 이렇게 기도해 보면 어떨까요? 당신에게 그분의 길을 보여 달라고 해보세요. 그분을 친구처럼 생각하고 말해 보세요."

나는 피식 웃었다. 마치 타치마할(Taj Mahal; 중인도 Agra에 있는 영묘. 17세기 중엽 모걸 조(朝)의 Shah Jahan 황제가 왕후를 위해 세움) 앞에 가서 고백하라고 하는 소리와 같다는 생각이 들어서였다. 그러나 샌티아고 의사의 다음 말은 내 마음을 전기처럼 꿰뚫고 지나갔다. "그분에게 말씀해 보세요." 그녀는 더 가까이 다가오며 내 손을 꽉 잡았다. 그녀의 뺨 위로 눈물이 흐르고 있었다. "그분을 당신의 아버지라고 생각하고 한번 말씀해 보세요."

나는 조용히 앉아 있었고, 방은 쥐죽은 듯이 고요해졌다. 그리고 마무드와 투니가 나누는 말소리가 간간이 들려오고 있었다. 나는 촛불에 반사되고 있는 수녀의 안경너머로 그녀의 눈을 바라보았다.

하나님이 나의 아버지인 것처럼 이야기해 보라니! 놀랍기도 하면서 위안을 주는 그 생각이 한줄기 섬광처럼 내 영혼을 뒤흔들어 놓고 지나갔다.

갑자기 실타래가 풀리듯이, 방 안에 있는 모든 사람들이 한꺼번에 말을 터뜨렸다. 투니와 마무드는 웃음을 터뜨리면서 그림책에 있는 우산을 진홍색으로 칠하기를 결정했다. 샌티아고 의사가 환하게 웃으며 일어서서 우리 모두에게 인사하고는 수녀복의 옷 매무시를 고친 후 방을 나갔다.

기도라든가 기독교에 관한 설명은 전혀 없었다. 그런데도 나는 그날 밤 내내 어떤 생각에 사로잡혀서는 다음날 아침까지 계속되었다. 이상한 일은 의사들이 마무드에게 이상이 없다고 한 것이며, 마무드 역시 이제는 귀가 아프지 않다고 한 것이었다. 처음에는 일이 왜 이런 식으로 반복되는 것일까 하는 생각으로 화가 났다. 그러나 한편으로는, 하나님이 당신의 신비로운 손길로 이런 환경을 통해 나를 샌티아고 의사와 만나도록 개입하셨는지도 모른다는 생각이 들었다.

다음날 늦은 아침, 맨주가 우리를 차에 태워 와마을에 데려다 주었다. 우리는 그랜드 트렁크 로오드를 돌아 나무에 둘러싸여 있는 우리집의 회색 지붕이 보이는 길로 들어섰다. 나는 그 길을 들어설 때마다 세상으로부터의 피난처인 안식의 자리에 점점 가까이 간다는 기대로 가득 차곤 했다. 그런데 그날은 변한 것이 아무 것도 없는데도 왠지 내 집이 낯설어 보였다.

먼 길을 달려온 우리 차가 집 앞에서 멈춰 섰다. 맨주는 크락션을 울렸다. 그러자 하인들이 달려나와 차를 둘러싸며 이구 동성으로 물었다. "도련님은 괜찮으신가요?"

마무드가 괜찮다며 그들을 안심시켰다. 그러나 나는 이렇게 집에 돌아왔는데도 마음이 가라앉지 않았다. 신을 찾기 위한 새로운 길로 들어섰기 때문이었으리라. 나는 이제까지 일어난 사건들을 차근차근 정리해 보기 위해 곧장 침실로 올라갔다. 어떤 모슬렘이든지 감히 알라신을 아버지고 부른다는 것은 상상도 못할 일이었다. 모슬렘 가정에서는, 아이가 어릴 때부터 알라신을 알기 위해 접근할 수 있는 가장 확실한 길은 하루에 다섯 번씩 기도를 올리고 코란을 연구하며 묵상하는 것이라고 교육시킨다. 그래서 내 어린 시절도 예외는 아니었다. 그러나 샌티아고 의사의 말이 자꾸 되살아났다. "그분에게 말씀해 보세요. 그분을 당신 아버지라고 생각하고 한번 말씀해 보세요."

침실에서 혼자 무릎을 꿇고 "아버지"라고 한번 불러 보려고 시도해 보았다. 그러나 쓸데없는 바보짓이었다. 나는 실망 가운데 무릎을 펴고 있어났다. 그것은 정말 우스꽝스런 일이었다. 그 위대한 신의 존재를 우리 인간의 수준까지 끌어내리는 죄가 어디 가볍겠는가? 그날 밤은 다른 어느 때보다도 혼란스러운 가운데 잠이 들었다.

몇 시간 후 잠에서 깨니 한밤중이 지난 시간이었다. 12월 12일, 그날은 나의 47번째 생일이었다. 그 생각이 나자 곧 흥분되었다. 어렸을 때는 해마다 생일 잔치를 열어서 일가 친척들이 하루종일 잔디밭에서 놀이를 하고 집 안팎으로 흥겨움이 가득 찼던 일이 생각나서였다. 그러나 이제 잔치는 열리지 않는다. 몇 사람이 전화를 걸어오는 것 이외엔 별다른 일 없이 하루가 지나가겠지 …….

아, 나는 정말 어린 시절이 그리웠다. 부모님들에 대한 가장 아름답고 밝은 추억이 떠올랐다. 어머니 ― 너무나 사랑스럽고 우아하며 아름다웠던 분. 그리고 아버지. 나는 아버지가 얼마나 자랑스러웠는지 …… 아버지는 사무실로 출근하시기 전에는 언제나 말쑥하게 차려입으신 옷 매무시를 거울 앞에서 다시 점검하시고 터번을 쓰셨다. 아버지는 짙은 눈썹 아래 자상한 눈매를 가지고 계셨으며, 윤곽이 뚜렷한 얼굴에 매부리코, 그 아래로 잔잔한 미소를 지으시곤 하셨다. 내가 가장 즐겁게 회상하는 아버지의 모습은 서재에서 연구에 몰두하시는 모습이다. 아들이 딸보다 귀한 사회 풍조 속에서도 아버지는 편애하시지 않았다. 한창 질문이 많을 때인 사춘기 시절, 나는 자주 아버지 서재문을 빠끔히 열고서는 방해가 되지 않을까 머뭇거리며 눈치를 살피곤 했었다. 그러면 아버지는 금방 내 뜻을 알아차려 펜을 놓

고는 의자에 기대시면서 부르셨다. "키차(Keecha)?" 내가 얌전
하게 고개를 숙이고 서재로 들어가면 아버지는 이내 웃으시면서
옆에 있는 의자를 가리키셨다. "어서 들어와 앉아, 내 귀여운
공주야!" 그리고는 큰 팔을 벌려 나를 안아 그 품에 꼭 안아
주셨다. "내 귀여운 딸 키차, 오늘은 뭐가 묻고 싶어서 왔지?
어서 말해 봐."

아버지는 언제나 그러셨다. 내가 귀찮게 방해한다고는 전혀
생각치 않으셨다. 그래서 질문거리가 있거나 무슨 문제가 생겼
을 때 아버지를 찾아가면, 아무리 일에 쫓기셔도 만사를 제쳐놓
고 관심을 가져 주셨다.

그런 기억들을 회상하고 있을 때면, 하루를 참 기분좋게 보
내게 될 것이라는 생각이 종종 들곤 했었다. "오, 감사합니다."
나는 신에게 중얼거리고 있었다. 내가 그분께 말하게 된 걸가?

갑자기 소망에 찬 생각들이 밀물처럼 쏟아져 들어왔다. 생각
해 봐, 생각해 보라구, 신이 우리 아버지 같으신 분이라면 얼마
나 좋을까! 육의 아버지가 열일 제쳐놓고 내 말을 들어주시는
분이신데 하물며 하늘에 계신 아버지라면 얼마나 더 ……?

나는 흥분으로 온몸이 떨렸다. 곧 침대에서 일어나 양탄자
위에 무릎을 꿇고 하늘을 우러러보고는 새롭고도 풍성한 깨달음
으로 감히 그분을 불러 보았다. "아버지!"

그러나 그다음 일어날 일에 대해서는 전혀 준비되어 있지 않
았다.

제5장
갈림길

"오 아버지, 나의 아버지 …… 아버지 하나님." 조심스럽게 소리를 내어 이름을 불러 보았다. 곧 다른 방법으로 이야기해 보려고 시도해 보려는 순간, 그분이 실제로 내 말에 귀를 기울이고 계신다는 확신이 생기기 시작했다. 어렸을 적 아버지가 언제나 내 말에 귀를 기울여 주셨듯이 말이다.

"아버지, 오 나의 아버지 하나님!" 나는 굳은 신뢰감으로 부르짖었다. 침대 옆 양탄자에 무릎꿇은 채로 부르짖는 내 목소리가 점점 커져갔다. 마침내 목소리가 온 침실을 울렸다. 그런데 그 순간 방안이 비어 있지 않음을 느꼈다. 그분이 거기에 계셨다. 나는 그분의 임재하심을 분명하게 느낄 수 있었다. 그분이 내 머리에 손을 얹고 계셨다. 마음의 눈으로 그분의 눈을 볼 수 있었다. 그분의 눈은 강렬한 사랑과 긍휼로 충만해져 있었다. 그분은 너무나 가까이 계셨기 때문에, 나는 마치 어린 딸이 아버지 발치에 앉아 있을 때처럼 머리를 그의 무릎에 기댈 수가 있었다. 오랫동안 거기에 무릎을 꿇고 앉아 조용히 흐느끼면서 그분의 사랑에 젖어 있었다. 그분에게 내 마음을 쏟아 놓으면서, 이전에 그분을 몰랐던 죄에 대해 용서를 빈다고 말씀드렸다. 그러자 그의 사랑으로 충만한 긍휼이 따뜻한 담요처럼 나를 덮으면서 감싸 주었다.

그 이전에도 몇 번, 이와 비슷한 귀한 영적 경험을 했었던 것 같은 느낌이 들었다. 그것은, 어느날 오후 성경을 읽어내려갈 때 내게 가까이 다가왔던 바로 그분이었다.

"저는 매우 혼란스럽습니다 ……. 아버지 ……!" 나는 계속해서 말씀드렸다. "저는 지금이라도 옳은 쪽을 택하고 싶습니다." 나는 손을 뻗어 침대 옆 테이블 위에 나란히 놓여 있는 코란과 성경을 집어들었다. 한 손에 한 권씩 잡고 높이 들어 올렸다. "어느 것입니까, 아버지?" 나는 절박한 마음으로 물었다. "어느 것이 당신 책입니까?"

그때 내 평생에 한번도 들어 본 적이 없는 사건이 일어났다. 내 안의 깊은 곳에서부터 울려오는 음성을 분명하게 들을 수 있었다. 그것은 너무나 또렷한 음성이었으므로 내가 되받아 반복할 수 있을 정도였다. 또 그 음성은 생동감이 넘치며 친절하고도 권위가 있었다.

"너는 어느 책에서 나를 아버지로 만났느냐?"

"성경에서입니다."

나는 명료하게 대답했다. 이제 모든 것이 분명해졌다. 더이상 어느 책이 그분의 책인지를 알기 위해 번민할 이유가 없었다. 그리고 나서 시계를 보니, 벌써 세 시간이나 지났다는 것을 알고는 놀라지 않을 수 없었다. 그런데 조금도 피곤하지 않았

다. 오히려 더 기도하고 싶었고, 성경도 더 읽고 싶은 갈증이
났다. 그렇게 함으로써 아버지가 내게 말씀하시는 것을 바로 들
을 수 있음을 깨달았기 때문이었다. 그러나 건강을 생각해서 다
시 잠자리에 들었다. 아침에 자리에서 일어난 후, 하녀들에게
침실 가까이에서 소음을 내지 말라고 이른 다음 침대에 기대앉
아 다시 성경을 폈다. 맨 앞에 있는 마태복음을 열고 천천히,
그리고 주의깊게 읽기 시작했다.

나는 실로 하나님이 꿈을 통해서, 그의 백성들에게 말씀하신
사건이 마태복음 전반부만 하더라도 다섯 번이나 기록되어 있다
는 사실에 감명을 받았다. 하나님은 꿈을 통해서 마리아를 위해
요셉에게 말씀하셨고, 동방 박사들에게 헤롯을 경계하라는 경고
를 주셨으며, 요셉에게 아기 예수를 보호하기 위해 따라야 할
지시를 세 번 더 계시해 주셨던 것이다.

성경은 읽으면 읽을수록 더 읽고 싶은 책이었다. 성경 말씀
은 내가 하나님께로 가까이 갈 수 있도록 이끌어 주는 원동력이
었다.

그러나 어쩔 수 없이, 나는 큰 갈림길에 놓여 있는 자신을 깨
달았다. 지금까지 알지 못했던, 아버지가 되시는 하나님을 개인
적으로 만났다. 이제 나는 그분의 아들인 예수께 나를 전폭적으
로 드리든가, 아니면 영원히 등을 돌리든가 둘 중에 한 길을 선
택해야만 했다.

물론 나를 아끼는 사람들은 누구나 한결같이 등을 돌리라고
권할 것이다. 수년 전 아버지가 내 손을 잡고 모스크에 데려다
주시던 소중한 기억이 피어올랐다. 아버지와 단둘이 손을 잡고
모스크 안의 계단을 올라가 제일 꼭대기의 하늘과 맞닿아 있는
곳에, 문이 굳게 닫혀 있는 방안으로 들어갔다. 아버지는 그때

내 손을 꼬옥 잡으시고는 자부심에 차서, 바로 그 방에서 우리 가문은 자자손손이 20대에 걸쳐 알라신에게 예배를 드려왔다는 말씀을 들려주셨다. "귀여운 키차, 이게 얼마나 큰 특권이니! 너는 이제 우리 조상들이 대대로 믿어왔던 진리에 참여하게 되는 거야."

문득 투니의 얼굴을 떠올렸다. 그 아이는 벌써 나에 대한 걱정으로 가득 차 있을 것이다. 다른 아이들도 떠올려 보았다. 이 어미가 "이른바 기독교인"이 되었다는 소식을 들으면 아이들은 분명 지울 수 없는 마음의 상처를 입을 것이다. 내가 처음으로 코란을 배울 수 있게 되었던 생후 4년 4개월 4일째 되던 생일 날, 그렇게도 자랑스럽게 기대에 찬 눈으로 나를 보아 주시던 파테 아저씨가 생각났다. 그 외에도 내가 사랑하는 아미나 이모와 수백 명이나 되는 친척들, 집안의 삼촌들, 외숙모들 그리고 조카들을 생각했다. 우리 동양 사회에서는 한 가족이 비라데리(biraderi), 즉 한 공동체가 됨으로써 가족 구성원들은 서로를 책임져 줄 의무가 있었다. 나는 여러 모로 가까이 있는 사람들을 손상시키게 될 것이다. 조카 딸들은 내가 '청소부'나 믿는 종교에 가입했다는 이유로 혼사길이 막혀 평생을 그늘에서 살아야 할지도 모른다. 그러나 누구보다도 걱정되는 사람은 마무드였다. 마무드의 앞날이 어두워질텐데! 그 다음으로 떠오른 사람은 마무드의 아버지였다. 아이 아버지는 변덕스러운 사람이라 내가 기독교인이 되었다는 소리를 들으면 당장에 아이를 빼앗아 가면서, 결국은 내가 불안정한 사람이라는 사실을 증명하고 싶어할 것이다.

조용한 방에서 성경을 읽다가 그런 생각을 하고 있자니 내 마음은 불로 지져지는 것만 같았다. 내가 그 많은 친척들에게 씻지 못할 죄를 짓는다고 생각하니 더이상 견딜 수가 없어 일어나서 엉엉 울어 버렸다. 그러나 곧 가운을 걸치고 차분하게 마음을 가라앉힐 수 있는 피난처인 정원으로 나갔다. 정원에는 벌써 차가운 겨울바람이 불고 있었다.

"오, 하나님!" 나는 자갈길을 밟으면서 울부짖었다. "당신은 제가 정말 가족들과 생이별하기를 바라신단 말입니까? 사랑의 하나님이신 당신께서 내가 다른 사람들에게 상처를 남기기를 원하신단 말입니까?"

그렇게 절망 속에서 얼마간 허우적거리는 동안에도 나는 계속 그분의 말씀을 들을 수 있었다. 바로 조금 전에 마태복음에서 읽었던 구절들이 되살아나 울렸다.

> 아비나 어미를 나보다 더 사랑하는 자는 내게 합당치
> 아니하고 아들이나 딸을 나보다 더 사랑하는 자도 내게
> 합당치 아니하고 또 자기 십자가를 지고 나를 좇지 않는
> 자도 내게 합당치 아니하니라 …… (마10:37, 38).

이 예수는 타협이 없었다. 그는 경쟁을 하는 것도 원하지 않았다. 그가 제시하는 길은 엄격하고 불편한 것이었으며, 나는 그의 말씀을 더이상 듣고 싶지 않다는 생각이 들었다. 그러나 '이것으로 충분해' 하고 결단을 내린 후에 닥쳐올 압박감을 도무지 견딜 수 없을 것만 같았다. 나는 기분 전환을 위해 충동적으로 집에 돌아와 맨주를 불러서는 라왈핀디로 떠날 채비를 차렸다. 내가 며칠 동안 그곳에 있겠다고 말하자 하인들은 저마다 어리둥절한 표정을 지었다. 라왈핀디에 가면 필요할 때 쉽게 딸을 만나 위로를 받을 수도 있을 것만 같았다.

맨주가 라왈핀디까지 데려다 주었다. 거기서 며칠 동안 미친 듯이 돌아다니면서 마무드의 장난감을 사거나 향수, 옷가지 등을 쇼핑하면서 시간을 보냈다. 그러나 이렇게 멋대로 분주하게 돌아다니는 동안, 그분의 임재 가운데서 느꼈던 따뜻한 온기로부터는 점차 멀어지고 있었다. 그러던 어느날, 우연히 어느 옷 가게에 들어가게 되었는데 그 주인이 화려하게 보석 박힌 옷감들을 내 앞에 펼쳐 놓았다. 그런데 옷감에 십자가 무늬가 찍혀 있는 게 아닌가! 나는 공연히 가게 주인에게 딱딱거리며 불평을 늘어놓고서는 그곳을 미끄러지듯 도망쳐 나왔다. 다음날 아침 와마을로 다시 돌아올 때의 나는 이미 모슬렘도 아니고, 그렇다고 기독교인도 아닌 상태였다.

그런 일이 있은 후 어느날 불 앞에 앉아서 긴장을 풀며 조용히 쉬고 있을 때였다. 마무드는 잠들었고 거실 또한 고요했다. 들리는 소리라고는 정원에서 불어오는 바람이 가끔씩 창문을 흔드는 소리가 고작이었고, 이따금씩 불꽃이 타오르면서 나는 나무 타는 소리뿐이었다. 어느새 나는 성경을 다시 집어들고 있었다.

그리고는 읽기 시작했다. 복음서와 사도행전을 지나 계속해서 읽다가 한밤중이 되어서는 책의 마지막 부분인 요한계시록까지 읽게 되었다. 그때 나는 계시록의 메시지에 매료되었다. 비록 다 이해할 수는 없었으나 말씀의 힘에 이끌리어 계속 읽어나가고 있었다. 그러다가 갑자기 방안이 빙 도는 것 같은 현기증을 느끼게 하는 구절에 부딪혔다.

볼지어다 내가 문밖에 서서 두드리노니 누구든지 내 음성을 듣고 문을 열면 내가 그에게로 들어가 그로 더불어 먹고 그는 나로 더불어 먹으리라(계3:20).

"내가 그에게로 들어가 그로 더불어 먹고 그는 나로 더불어 먹으리라." 나는 너무 놀라 책을 무릎 위로 떨어뜨렸다. 그것은 바로 내가 꾸었던 꿈이었다. 꿈에 예수께서 나와 정찬을 나누고 계셨다. 꿈을 꾼 당시에는 요한계시록이란 이름이 성경에 있는 줄도 몰랐다. 나는 눈을 감았다. 그리고 다시 한번 선명하게, 예수께서 테이블 맞은편에 나와 마주보고 앉아 계신 장면을 떠올려 보았다. 그분은 따뜻하게 웃으시면서 내 모습 있는 그대로를 받아 주고 계셨다. 뿐만 아니라 그분은 영광으로 빛나고 있었다. 그의 아버지가 영광으로 빛난 것처럼 ……. 그렇다. 그 영광은 바로 그분의 임재 가운데 속한 것이었다.

이제는 꿈이 하나님께로부터 왔다는 것을 확신할 수 있었다. 나는 결단을 내려야만 하는 갈림길에 선 것이다. 나는 그를 영접하거나 아니면 거절하든지, 둘 중에 한 가지를 선택해야 했던 것이다. 나는 그분께 마음의 문을 열고, 내 안에 들어오셔서 영원히 살아 주시도록 부탁을 드릴 수도 있고 아니면 그냥 문을 닫아 둘 수도 있었다. 전생애에서 가장 중대한 결단을 내려야 할 순간이 다가온 것이다. 나는 마음을 정하고, 화롯가에 무릎을 꿇고 말씀드렸다. "오 하나님, 부디 지체하지 마시고 즉시 제 삶에 들어와 주십시오. 저는 저의 모든 것을 아낌없이 주님께 열어 드리겠습니다." 나는 이제 더이상 갈등하지도, 앞으로 일어날 일들에 대해서 염려스럽지도 않았다. 나는 예수님께 분명히 '예스'로 대답한 것이다. 그렇게 해서 그리스도는 내 삶 가운데로 들어오셨고, 그렇게 된 것을 또한 믿었다.

그 일이 얼마나 감격스럽고 아름다운지 …… 신을 찾아나선 지 오래지 않아 아버지인 하나님과 아들이신 예수님을 만나게 된 것이다. 나는 일어나서 잠자리에 들어갈 준비를 했다. 감격과 흥분으로 가슴은 마구 뛰고 있었다. 내가 여기서 용감하게 한걸음 더 나갈 수도 있을까? 그때 문득 사도행전에서 예수의 제자들이 성령으로 세례받는 장면을 떠올렸다. 나도 그렇게 세례를 받아야 할까? 베개에 머리를 묻고 하나님께 말씀드렸다. "주님, 제게는 신앙 지도를 해줄 만한 사람이 아무도 없습니다. 저는 오로지 당신을 의지할 뿐입니다. 주님, 제게도 성령으로 세례를 주시기 원하신다면 저는 당신이 주시는 모든 선물을 다 받고 싶습니다." 이렇게 내 모든 것을 그분의 크신 손에 올려드린 후 깊은 잠에 빠져들었다.

1966년 1월 24일 이른 새벽, 기대에 부풀어 잠이 깼을 땐 아직도 주위가 캄캄했다. 형광시계는 새벽 세 시를 가리키고 있었고 방은 싸늘하게 냉기로 가득했으나, 나는 어떤 기대감에 타오르고 있었다.

나는 침대에서 기어 내려와 차가운 양탄자 위에 무릎을 꿇었다. 그리고 머리를 젖혀 하나님께로 마음을 향하고 있는 동안, 그것은 아마 …… 큰 빛 하나를 보았다고 말해야 옳을 것이다. 내가 두 손을 하나님께로 향해 들고 부르짖는 동안 내 뺨 위로 뜨거운 눈물이 흘렀다. "오, 아버지 하나님, 당신의 성령으로 내게 세례를 주시옵소서!" 나는 사도행전 1장을 폈다.

> 요한은 물로 세례를 베풀었으나 너희는 몇 날이 못되어 성령으로 세례를 받으리라(행1:5).

나는 결사적으로 부르짖었다. "주님, 성경에 써 있는 이 말씀대로 제게도 지금 성령 세례를 주시옵소서." 엎드려 차가운 침실 바닥에 얼굴을 묻고 계속 흐느꼈다. "주님, 제게 성령으로 세례를 주실 때까지 이 자리에서 일어나지 않겠습니다." 그리고 나서 나는 이전에 경험해 보지 못한 놀라운 체험을 하게 되었다. 이른 새벽, 조용한 방 안에서 나는 주님의 얼굴을 바라보았다. 무언가 강력한 능력이, 마치 밀려오고 또 밀려가는 대양의 파도처럼 내 영혼을 씻으며 머리끝부터 발끝까지 적시고 지나갔다.

얼마 후에 권능의 물결은 가라앉고 대양의 파도도 잠잠해졌다. 나는 완전히 씻겨졌다. 형용할 수 없는 하늘의 기쁨이 내게 밀려와 눈물로 뒤범벅된 얼굴은 그분을 찬양하게 했고, 또 그렇게 찬양하며 감사를 올렸다.

바닥에 꿇어 엎드린 지 몇 시간이나 지났다. 나는 주님이 일으켜 주시는 힘에 이끌려 두 발로 딛고 일어섰다. 창 밖을 내다보니 벌써 동이 터 있었다.

나는 침대에 기대어 누우며 주님께 말씀드렸다. "오, 주님! 천국이 바로 이런 것이 아닐까요? 당신을 아는 것은 기쁨이며, 당신을 예배하는 것은 행복이고, 당신께 가까이 갈수록 평강이 넘칩니다. 그래요, 바로 여기가 천국이군요."

그리고 나서 한두 시간 잠이 들었었나 보다. 어느새 하녀들이 방으로 들어와 내 시중을 들 준비를 하고 있었다. 내 기억에 날카로운 말로 하녀들을 꾸짖거나 비난하지 않은 아침은 그날이 생전 처음이었을 것이다. 그 대신 햇살이 밀려드는 방안에는 조용하고 평화로운 분위기가 감돌았다. 라이샴도 기분이 좋았는지 모처럼 콧노래를 흥얼거렸다.

그날은 온종일 내 안에 넘치는 기쁨을 주체할 수가 없어서, 온 집안을 돌아다니며 조용히 하나님을 찬양했다. 점심시간엔 마무드가 팬-케이크를 먹으며 내게 말했다. "오늘은 왜 그렇게 잘 웃으세요?"

나는 손을 뻗쳐 그의 윤기 있는 검은 머리를 쓰다듬으며 요
리사에게 말했다. "마무드에게 할와(halwa)를 좀더 갖다 줘
요." 할와는 밀가루, 버터 그리고 설탕으로 버무린 과자인데 마
무드가 아주 좋아하는 과자였다. 나는 마무드에게 미첼 씨 집에
함께 가서 크리스마스를 축하하자고 속삭였다.

"크리스마스가 뭐예요?" 마무드가 물었다. "응, 라마단(Ra-
madan)처럼 거룩한 날이야." 마무드는 '라마단의 날'을 잘 알
고 있었다. 라마단이란 모하메트가 그의 첫번째 계시받은 날을
기념하는 모슬렘의 절기다. 그 절기 동안에는 매년 모슬렘들이
해뜨기 시작하는 시간으로부터 해지는 시간까지 금식한다. 그리
고 모스크에서 금식 해제 시간을 알리는 마지막 북소리가 울리
면 모슬렘들은 온갖 진귀하고 맛있는 음식들과 사탕, 신과일,
밀가루 반죽에 담그었다가 기름에 볶아낸 시금치, 정갈하게 요
리한 가지나물과 기름에 튀긴 크로켓을 내놓고 식구들과 둘러앉
아 배부르도록 먹는다. 아마도 크리스마스란 이와 비슷한 축일
일 것이라는 생각이 들었다.

그리고 내 예감은 들어맞았다. 미첼 목사 집에 도착하자 데
이비드 미첼 목사가 문 앞까지 나와 우리를 맞아 주었는데, 맛
있는 음식 냄새가 밖에까지 풍겨나왔고 집안에서는 웃음소리가
새어나오고 있었다.

"어서오세요, 어서." 그는 우리를 반갑게 맞아 축제 분위기가
가득한 거실로 안내했다. 거실 한쪽 구석에는 크리스마스 트리
가 반짝거렸고, 마무드보다 조금 더 큰 미첼의 두 아이들이 깔
깔거리며 이 방에서 저 방으로 우르르 뛰어다니고 있었다. 마무
드 또한 일 분도 못되어 그 아이들과 어울려 뛰어놀기 시작했
다.

나는 더이상 기쁨을 숨길 수가 없었다. "데이비드." 나는 그의 이름을 크게 부르면서 말했다. "나는 이제 그리스도인이 되었어요. 그리고 성령 세례도 받았구요!"

그는 잠깐 내 얼굴을 주의깊게 살펴보더니 나를 안쪽에 있는 방으로 데리고 들어가서 물었다. "누가 당신에게 성령 세례에 관해 말해 주었지요?" 그는 회색 눈을 크게 뜨면서 물었다. 그러더니 한바탕 기뻐 웃으며 하나님을 찬양하기 시작했다. 그의 '할렐루야' 소리에 부엌에서 일하던 신노브가 뛰어나왔다. 데이비드는 다시 한번 큰소리로 물었다.

"누가 당신에게 말했죠?"

"예수님이 제게 말씀해 주셨어요." 나도 활짝 웃으며 말했다. "사도행전을 읽고서 하나님께 구했어요. 그리고 받았어요!"

데이비드와 신노브는 곧 놀라는 표정을 지었다. 내게 가까이 다가온 신노브는 나를 덥썩 끌어안더니 울음을 터뜨렸다. 이어서 데이비드도 울음을 터뜨렸다. 우리 셋은 그 자리에서 서로 얼싸안고 하나님이 베풀어 주신 은혜를 찬양했다.

그날 밤부터 나는 일기를 쓰기 시작했는데, 내가 만일 죽임을 당한다면 적어도 내게 일어난 놀라운 일들을 기록으로 남기고 싶어서였다. 또 내가 기독교인이 되었다는 말이 새어나갈 경우, 앞으로 무슨 일이 생길지에 대해서는 아무도 몰랐기 때문이었다. 나는 그때부터 일기장에, 그동안 주님이 행하여 주셨던 인도하심을 한 가지씩 정리하기 시작했다. 그러나 내가 책상에서 그 동안의 경험을 적고 있는 순간에도, 하나님이 나를 그분의 학교에서 훈련시키시고 가르치실 다음 단계를 준비하고 계신다는 사실은 전혀 모르고 있었다.

제6장
하나님의 임재하심에 들어가는 연습

그후 또다시 나를 놀라게 하는 사건들이 연이어서 일어났다. 꿈과 환상을 보았는데, 그 꿈은 이 모험길을 시작하게 한 처음의 꿈들과는 전혀 성질이 달랐다. 난생 처음으로 겪는 이런 영직 경험들이 나에게는 무척 떨리는 경험이었다. 한번은 침대에 누워 쉬면서 주님을 생각하고 있었는데, 갑자기 내 몸이 둥둥 떠서 선조(線條) 세공으로 장식된 화려한 침실 창문을 통해 밖으로 빠져 나갔다. 이렇게 밖으로 나온 나는 이 세상에서 행해지는 일들을 내려다볼 수 있었다. 그리고 너무도 무서워서 울부짖는 동안 갑자기 다시 침대로 돌아오게 되었다. 나는 어리둥절한 상태에서 천천히 호흡하고 있었는데, 온몸이 잠들었다가 깨어나는 것처럼 다시 혈액 순환이 시작되면서 다리에도 감각이 되돌아오는 것 같았다.

"주님, 이게 무슨 일이지요? 오, 주님 죄송합니다. 그러나 제가 겁쟁이라는 사실도 잘 아시지요?"

그런데 그날 늦은 밤에, 그와같은 일이 다시 한번 일어났다. 이번에는 주님께 두렵지 않다고 말씀드렸다. 창문을 통해 밖으로 나갔을 때 나는 영적인 차원에서 다니며 생각할 수 있었다. 나는 주님께 "왜 이런 일들을 보여주시죠?" 하고 여쭈어 보았다. 나중에야 그 이유를 깨달았는데 환상을 보는 것과 같은 영적 경험은 흔한 일이 아니며, 주님은 어렵고 특이한 환경 속에서 기독교인이 된 나를 격려하시고자 특별한 방법을 사용하셨다는 것을 알게 되었다.

나는 이런 경험이 주님으로부터 온 것인지를 확인하기 위해 성경을 열심히 탐구했다.

비로소 사도행전 8장 39절을 읽고 나서야 안도의 한숨을 쉴 수 있었다. 성경엔 전도자 빌립이 이디오피아 내시에게 세례를 준 후에 "주의 영이 빌립을 이끌어" 갔으므로 그가 그곳에서 아주 먼 곳인 아소도 지방에 나타났다고 기록되어 있다.

그리고 그다음, 고린도후서 12장 2절에서 다시 한번 확인할 수 있었다. 바울은 주로부터 받은 환상과 계시에 관해 언급하면서 "셋째 하늘에 이끌려 간 자라 (그가 몸 안에 있었는지 몸 밖에 있었는지 나는 모르거니와 하나님은 아시느니라)"고 썼다. 또 바울은 고린도후서 12장 4절에 "그가 낙원으로 이끌려 가서 말할 수 없는 말을 들었으니 사람이 가히 이르지 못할 말이로다"라고 저술했다.

나는 환상을 보던 중에 들었던 말들을 다 이해할 수는 없었지만, 그때 본 장면들 만큼은 결코 잊을 수가 없었다. 그 중에 한 가지 장면은 뾰족탑 하나가 하늘로 솟아오르는 것이었는데 눈앞에는 수많은 교회들, 어린이들과 어른들, 여러 다른 모양으

로 지어진 교회들이 펼쳐졌고, 그 다음엔 한 아름다운 황금교회
가 보였다. 그리고 다시 장면이 바뀌어 눈앞에 도시의 한 중심
가가 펼쳐졌다. 나는 현대 양식으로 지어진 중심가의 건물들과
외곽에 아직도 구식으로 배열되어 있는 마을들을 볼 수 있었다.
초고층 건물들, 시계탑들, 그리고 고대에 화려하게 건축되었던
장려한 건물들이 보였다. 그런 다음, 구름층 아래로 붉은 말을
탄 한 남자가 오른손으로 칼을 휘두르며 달려오는 것을 보고 나
는 떨지 않을 수 없었다. 그자는 가끔 구름에 닿도록 뛰어오르
기도 하다가, 가끔은 그의 강인한 말발굽의 불꽃이 튀는 것 같
은 재빠른 동작으로 지구를 문질러 벗겼다.

　나는 이런 환상들에 대해, 그 당시에 그 이유를 알 수는 없었
더라도 분명히 특별한 이유가 있기 때문에 하나님이 내게 보여
주셨다는 확신은 들었다.

　또 한번, 성경을 읽어내려갈 때 희한한 경험을 한 적이 있었
다. 보통 때는 이런 일이 일어나지 않았었는데, 성경을 그냥 읽
고 있는 것이 아니라 내 자신이 그 속에 들어가 살면서 기록되
어 있는 사건들을 실제로 경험하고 있는 것이었다. 고대 팔레스
틴 땅에 발을 들여놓고 예수 그리스도가 갈릴리의 돌밭길을 걸
을 때에 나도 함께 그 길을 걸을 수 있었다. 또 예수님이 복음
을 선포하시는 것과 사람들을 가르치시는 광경을 지켜볼 수도
있었다. 그분이 선포하는 메시지를 실제로, 실생활의 모든 경우
에 실천하여 적용했으며 성령의 권능을 알 수 있었고, 마침내
그분이 십자가에 매달리셨다가 죽음을 이기고 승리하신 장면도
볼 수 있었다.

　또 한 가지 깨달은 사실은 매일 성경을 읽는 효과가, 놀랍게
도 다른 사람들에게까지 영향을 미친다는 것이었다. 어느날 아

침 하녀들이 내 시중을 들기 위해 쟁반에 화장 도구들을 챙겨 들고 침실로 들어왔다. 그런데 눌잔이 쟁반 위에 놓였던 은빗과 브러쉬들을 정리하다가 그만 쟁반을 그 자리에서 엎어버렸다. 도구들이 바닥에 떨어지면서 요란한 소리를 내었다. 눌잔은 겁에 질려 떨고 서 있었다. 눌잔은 여느 때와 다름없이 맹렬한 욕설이 퍼붓기를 긴장하고 있었고, 나 또한 실제로 그녀를 꾸짖으려고 숨을 들이마셨다. 그런데 막상 입 밖으로 나온 소리는 "걱정하지 마. 눌잔, 그래도 깨진 물건은 없잖아" 하며 나도 모르게 그를 안심시키고 있었던 것이다.

어느새 내 안에 나도 모르는 비상한 담대함이 자라서 크게 자리잡고 있다는 사실을 깨닫기 시작했다. 그 때까지만 해도 다른 사람들이, 내가 예수 그리스도에 대해 관심을 갖고 있는 것을 눈치챌까 봐 늘 두려워하며 조바심을 냈었다. 사람들이 나를 "청소부 비쿰"이라는 이름으로 농담할지도 모르고, 더구나 가족들이 나를 배척할지도 모른다는 생각이 나를 괴롭혔다. 마무드의 아버지는 아이를 빼앗아 가버리려고 할 것이고, 또 어쩌면 순식간에 모슬렘 광신자들이 나서서 "배도한 자는 죽어 마땅하다"는 구실로 나를 송사할지도 모르는 일이었다.

그래서 사실 미첼 목사 집을 방문할 때는 사람들에게 들키고 싶지 않았다. 내가 그 집을 처음 방문하던 날 밤 문 앞에서 내 모습을 보았던 여인네들이 늘 마음에 걸렸다. 하물며 매일 시중을 드는 하녀들이 내 안에서 일어나고 있는 변화를 눈치채지 못하랴! 이런 생각들을 할 때마다 곧 박해가 시작될지도 모른다는 불안감이 계속 엄습해 왔다.

그러나 주님이 환상을 보여주신 이후로는, 모든 일에 주님이 함께 하시리라는 담대한 마음이 생겼다. 내가 기독교인이 되기로 결단한 사실이 언젠가는 공개적으로 알려질 것이다. 성경이 말하는 대로 나는 "내 입술로 예수를 주로 시인해야" 하는 것이었다. 나는 침실 창가에 서서 마음가짐을 더욱 굳게 했다. '시련이 닥치면 겪으리라!'

일은 예상 외로 빨리 진전되었다. 1966년의 크리스마스가 지난 지 얼마 되지 않아, 하루는 아래층에서 일하던 하녀가 눈썹을 찌푸린 채 올라와 말했다. "비굼 마님, 미첼 부인이 마님을 뵈러 오셨어요." "오, 그래? 안으로 모시도록 해." 나는 태연하게 대답하려고 애썼지만, 문을 열며 손님을 맞는 동안 심장은 내내 쿵쾅거렸다. "이렇게 와 주시니 영광입니다." 나는 뒤에서 머뭇거리고 있는 하녀가 듣도록 큰소리로 말했다.

신노브는 나를 저녁식사에 초대하려고 온 것이었다. "저녁식사에 다른 사람들도 몇 분 오실 거예요. 모두 마님이 만나고 싶어하시는 분들이에요." 신노브가 말했다.

다른 사람들이라고? 이전에 쌓였던 마음의 벽이 다시 가로막히는 것을 느꼈다. 신노브는 내 얼굴에서 불안해 하는 표정을 읽었는지 이렇게 덧붙였다. "대부분이 기독교인들이에요. 몇 분은 영국에서 오셨고, 또 몇 분은 미국에서요. 오시겠어요?" 그녀의 물음 속에는 간절한 바람이 내포되어 있었다.

나는 기쁘게, 그렇게 하리라고 대답했다. 왜 많은 기독교인들이 그렇게 수줍음을 잘 타는지 모르겠다. 나는 전에 공식 만찬에서 기독교인들을 만났었는데, 그 자리에서 나는 국회의원의 아내로서 대우를 받았다. 그날 만찬은 공식적인 것이라 제복을 갖추어 입은 웨이터들과 벨기에 식으로 레이스가 많이 달린 옷을 입은 여자들이 식사 시중을 들었고, 테이블 위에는 화려하고 신선한 꽃다발이 놓여 있었다. 그것은 아주 긴 코스의 중국식

78

만찬이었다. 손님들 가운데는 각국에서 모인 기독교인들이 있었
는데, 그들 중 어느 누구도 자신의 신앙에 대해 언급하는 이는
없었다. 심지어 대화의 중심이 자연스럽게 종교 이야기로 흘렀
을 때도 마찬가지였다. 그러나 미첼 목사 집에서 만나게 될 사
람들은 그들과 다를지도 모른다는 생각이 들었다.

　그 다음날 나는 직접 차를 몰고, 이제는 익숙해진 길을 따라
미첼 목사 집을 찾아갔다. 데이비드와 신노브가 나를 따뜻하게
맞이한 후 친구들에게 소개시켰다. 그때 자리에 있던 사람들 가
운데 몇 분이 훗날 내 삶에 결정적인 역할을 할 이들이라는 것
을 그 당시 미리 알았다면 어떠했을까?

　첫번째로 인사한 가족은 켄과 그의 아내 마리 오울드였다.
켄은 두꺼운 안경 너머로 푸른 눈이 눈웃음치는 영국인이었다.
그는 몹시 구겨진 옷을 입은 모습처럼 자유스러운 분위기를 풍
기는 토목공이었다. 그의 아내 마리는 미국인 간호원이었는데
깔끔한 인상에 화사한 웃음을 지어 보였다. 다른 이들도 참으로
따뜻한 사람들이었다.

　그날 만찬회에서 내가 화제의 중심이 된 사실에 대해 저으기
놀라지 않을 수 없었다. 모두가 내 경험을 얼른 듣고 싶어하는
것 같았다. 조용한 저녁식사를 기대했던 것과는 달리 시간은 질
문과 답변식으로 계속 이어졌다. 식탁에는 차츰 엄숙한 분위기
가 감돌았고, 따라온 몇 명의 어린아이들까지도 조용히 앉아 있
었다. 나는 조심스럽게 꿈 이야기와 하나님의 사람들을 만난 이
야기를 했다. 식사 후 데이비드는 아내의 요리 솜씨를 칭찬한
후에 나와 나눈 대화가 영적인 영양까지 풍성하게 공급해 주었
다며 과찬을 아끼지 않았다.

　"저도 동감입니다." 켄 오울드가 맞장구쳤다. "전에도 당신을

뵌 적이 있어요. 저도 와마을에 살았었거든요. 저는 이른 아침
에 늘 당신의 정원에 핀 꽃들을 보고 감탄하면서 지나가곤 했답
니다. 가끔씩 정원에 계신 것도 보았는데 지금은 그때와 전혀
다른 분으로 보이는군요." 나는 그가 무슨 말을 하고 있는지 이
해할 수 있었다. 몇 달 전의 빌퀴스 쉬에크는 웃음을 모르는 여
자였다. 켄은 덧붙여 말했다. "당신은 아이와도 같아요. 갑자기
선물을 받아 쥔 아이말이에요. 나는 그 선물의 경이를 당신 얼
굴에서 읽을 수 있어요. 부디 세상의 무엇보다도 그 선물을 귀
중하게 간직하십시오."

나는 그의 태도가 마음에 들었다. 다른 사람들과도 즐거운
대화가 오고갔다. 내 생각이 맞았다. 그때 모인 기독교인들은
전에 공식 만찬에서 만난 사람들과 달랐다. 저녁 시간이 다 가
기 전에 모인 사람들이 돌아가면서, 저마다의 삶에서 하나님이
베풀어 주신 큰 일에 대하여 간증했다. 그렇다. 데이비드의 말
이 옳았다. 식사는 뛰어난 요리 솜씨로 차려진 것이 분명했으나
진정한 만족은 그 작은 집에 충만하게 채워진 하나님의 임재하
심으로부터였다. 나는 그런 교제의 기쁨을 그때 처음으로 느꼈
다. 그러한 영적인 공급을 정기적으로 받을 수만 있다면 얼마나
좋을까 하는 염원마저 생겼다.

내가 그 집을 떠나려고 할 때에 켄이 내게 한 말은 놀라운 것
이었다. 켄과 마리는 내 손을 붙들고 말했다. "당신은 오늘과
같은 주님 안에서의 정기적인 교제가 필요해요. 빌퀴스, 일요일
저녁 우리집에 또 오시겠어요?"

"오실 수 있으세요?" 다시 한번 마리가 물었다. 그것이 내가
다른 그리스도인들을 정기적으로 만나게 된 계기가 되었다. 일
요일 저녁이면 우리는 오울드 부부 집에 모였는데, 벽돌로 지은

거실이 너무 작아 열두 명 정도가 겨우 쪼그리고 앉을 수 있을
정도였다. 그 중에 두 사람만 파키스탄인이고 나머지는 영국인
과 미국인들이었다. 나는 그곳에서 크리스티 박사 부부라는 새
로운 친구들을 만났다. 남편은 깡마르고 열정이 넘치는 미국인
안과의사였고 그의 아내는 간호원이었다. 그들 두 사람은 지방
의 선교 병원에서 직원으로 일하고 있었다. 모임에서 우리는 찬
송하며 성경을 읽었고 서로의 필요를 위해 하나님께 간구했다.
모임이 있는 날이 어느새 나에게는 일주일 중에 가장 중요한 날
이 되었다. 그런데 어느 일요일인가는 왠지 모임에 가기가 귀찮
아졌다. 나는 오울드 씨 집에 전화를 걸어 몇 가지 핑계를 대고
모임에 나가지 않았다. 자꾸만 무엇인가가 신경을 거스리고 있
었는데, 그게 무엇인지를 도무지 알 수가 없었다. 나는 집안을
살피며 하인들이 일을 제대로 하고 있는지를 점검했다. 모든 것
이 정상적임에도 왠지 정돈되지 않은 듯한 기분이 들었기 때문
이었다.

그래서 침실로 돌아와 기도하기 위해 무릎을 꿇었다. 조금
뒤 마무드의 작은 손이 내 손을 잡을 때까지도 마무드가 거기에
서 있었다는 것조차 모르고 있었다. "엄마, 괜찮아요? 엄마가
이상해 보여요." 나는 애써 미소를 지어 보이며 괜찮다고 대답
했다. "엄마가 뭔가 잃어버린 것처럼 집안을 둘러보고 다녔어
요."

아이는 안심한 듯이 문밖을 나가 아래층으로 내려갔다. 내가
뭔가 잃어버린 것처럼 보였다고? 마무드가 옳았다. 나는 그제서
야 내가 무엇을 잃어버렸나를 깨달았다. 나는 하나님의 임재하
심에서 멀어져 있었던 것이다. 왜 그렇게 되었을까? 그것은 내
가 오울드 씨 집의 모임에 나가지 않은 사실과 관련이 있는 것

일까? 내가 진정으로 교제가 필요한 때 그것을 거부했기 때문인가?

나는 급한 마음이 들어서 켄에게 전화를 걸어 거기로 곧 떠나겠다고 알렸다.

그러자 곧 모든 것이 달라졌다. 내 영혼은 곧 평화를 되찾은 것이다. 약속대로 모임에 참석해서, 평상시와 별로 다를 것 없는 모임이었으나 다시 한번 하나님의 빛 가운데로 걸을 수 있게 되었다. 켄은 통찰력이 있었다. 그렇다! 나는 교제가 절실히 필요한 사람이었다. 그제서야 교훈을 터득한 것이다. 그후 착실하게 모임에 참석했고, 무슨 핑계를 대서 모임을 빠질 생각은 아예 하지 않게 되었다.

내가 그렇게 한 걸음씩 하나님께 가까이 다가갈수록 그분을 더욱더 알고 싶은 갈망이 일어났고, 성경 말씀은 읽을수록 더욱 갈증이 생겼다. 나는 매일 아침 눈을 뜨자마자 성경을 펴고 줄기차게 읽어나갔다. 성경 말씀은 내 생활 속에 살아 있는 빛으로 다가와 발걸음을 옮길 때마다 밝히 비추는 등이 되었다. 그것은 마치 내가 아끼고 좋아하는 향수와도 같다고나 할까? 그런데 이상한 일이 있었다. 어느 날인가 마무드와 함께 그애 엄마를 찾아가 하루를 보내기로 되어 있었다. 나는 전날 밤 잠자리에 늦게 들었으므로 피곤해서, 성경 읽기로 보내는 새벽녘 한 시간이 아깝게 느껴졌다. 그래서 라이샴에게 출발 시간 직전에 홍차를 가져와 깨워달라고 부탁했다.

그러나 나는 잠을 설치고 뒤척거리다가 나쁜 꿈만 꾸었다. 그래서 정작 라이샴이 깨우는 소리에 일어났을 때의 내 몸은 지칠 대로 지쳐 있었다. 하루 전체가 망쳐질 것은 뻔한 일이었다.

하나님은 내게 무슨 말씀을 하고 싶으신 것일까? 그분은 내가 하루도 빠짐없이 성경을 읽기 원하신다는 말씀을 하고 싶으신 것일까?

나는 그때 두번째로 하나님의 임재하심의 영광에서 멀어지는 느낌이 들었다.

그러나 이러한 경험이 반복될수록 나는 교훈을 받게 되었다. 하나님께 대한 감성이 확실히 예민해지고 있었다. 하나님의 임재하심 아래 깊은 평화와 기쁨을 누릴 때도 있었으나 어떤 때에는 그분의 임재의 빛을 잃어버렸다.

어디에 열쇠가 있는 것일까? 하나님과 가까이 동행하려면 어떻게 하면 되는 것일까? 지난 시간들의 경험을 돌이켜 하나님과 특히 친밀했던 때를 생각해 보았다. 나는 두 가지 꿈을 꾸고 난 오후, 겨울 정원에서 더없이 좋은 향기를 맡았었다. 나는 처음 미첼 목사 집을 방문하고 나서의 일과 매일 규칙적으로 하나님의 말씀을 읽을 때 누렸던 기쁨, 그리고 오울드 씨 집에서 갖는 일요일의 교제 모임 등을 생각해 보았다. 이런 시간들이 주로, 하나님이 나와 함께 하시는 것을 분명하게 느꼈던 시간들이었다.

반대로, 하나님의 임재의 빛에서 멀어졌던 순간들도 떠올려 보았다. 성경은 이러한 일들을 어떻게 설명하고 있는가? "하나님의 성령을 근심하게 하지 말라"(엡4:30). 그렇다면 바로 성령을 근심케 한 일들은 하녀들을 무모한 욕설로 꾸짖었을 때나 규칙적으로 성경 읽는 것을 게을리 하여 내 영이 곤핍해졌을 때, 그리고 오울드 씨 집에서 열리는 교제 모임에 가기를 거절했을 때 일어났음을 깨달았다.

마침내 나는 하나님과 동행하는 비결이 순종과 직결되어 있음을 이해하게 되었다. 내가 단순하게 순종하면, 하나님은 내가 그분의 임재하심의 빛 가운데 머물도록 허락하셨다.

나는 다음의 구절에서 해답을 찾기까지 요한복음을 열심히 읽어내려갔다.

> 예수께서 대답하여 가라사대 사람이 나를 사랑하면 내
> 말을 지키리니 내 아버지께서 저를 사랑하실 것이요 우
> 리가 저에게 와서 거처를 저와 함께 하리라(요14:23).

바로 이 성경 구절이 내가 설명하고 싶어하는 모든 원칙을 표현하고 있었다. 주님의 영광 가운데 머무는 것. — 이것이 내가 진정으로 갈망하는 은혜다.

그 열쇠는 순종에 있었다. "오, 아버지." 나는 기도했다. "저는 당신만을 섬기길 원합니다. 주님이 성경에서 말씀하시는 것처럼 언제나 순종을 드리기 원합니다. 저는 제 자신의 뜻을 포기하는 일이 희생이라고 생각해 왔습니다. 그러나 그것은 결코 희생이 아니라는 것을 깨달았습니다. 왜냐하면 그렇게 함으로써 오히려 당신께 더욱 친밀하게 나아갈 수 있기 때문입니다. 당신의 임재하심 아래 머물 수만 있다면 그 어느 것도 희생이라고 부를 수 없습니다."

주님이 내 마음에 직접적으로 중요한 명령을 말씀하신다는 것을 그때 만큼 선명하게 깨달아 본 적이 없었던 것 같다. 주님은 단도 직입적으로 내게 말씀하셨다. "빌퀴스, 너의 전남편을 사랑하라. 그를 용서하라."

나는 충격을 받아서 잠깐 동안 가만히 앉아 있었다. 모든 사람을 사랑하라는 주님의 명령대로 나는 다른 모든 사람들을 사랑할 수 있었다. 그러나 내게 씻을 수 없는 상처를 남긴 그 남자를 어떻게 다시 사랑할 수 있다는 말인가?

"아버지, 솔직하게 말씀드리겠습니다. 한마디로 제 힘으로는 할 수 없습니다. 나는 칼리드가 축복받기를 원하지 않을 뿐만 아니라 그를 절대로 용서할 수 없습니다."

그리고 나서 기억해 보니, 한번은 정말 유치하게도 그가 하나님께 구원받지 못하게 해달라고 간구한 적도 있었다. 내가 주님 안에서 누리는 기쁨을 그가 영원히 모르기를 바랐던 것이다. 그런데 주님은 내가 그를 용서하기를 바라고 계신 것이 아닌가? 칼리드를 머리에 떠올리자마자 화가 치밀어올랐다. 나는 일부러 그를 기억 속에서 지워버리려고 애썼다.

"아마 저는 그를 깨끗이 잊어버릴 수 있을 것입니다. 주님, 그러면 됐지요?"

내가 그렇게 상상해서인가? 아니면 정말 주님의 임재의 빛나는 영광이 식어지고 있는 것일까?

나는 계속 부르짖었다. "오, 주님. 저는 절대로 남편을 용서할 수 없습니다. 제게는 그렇게 할 수 있는 힘이 없어요."

그러나 주님은 말씀하셨다.

"내 멍에는 쉽고 내 짐은 가벼우니라."

"주님, 그 남자만은 용서할 수가 없어요!" 나는 몸부림쳤다. 그리고 이전에 내게 상처입힌 일들을 나열하며 하나씩 목록을 만들어 나가는 동안, 떠올리기조차 너무 끔찍해서 자꾸만 무의식 속으로 눌러 묻어 두었던 상처들까지도 하나 둘 기억이 되살아났다. 미움이 강렬하게 소용돌이쳤다. 그 순간 하나님과 완전히 분리된 것처럼 느껴져서 겁에 질린 나머지 한동안 집 잃어버린 아이처럼 울부짖었다.

그때 기적적으로 주님이 나와 함께 그 방에 계심을 알았다. 곧 주님의 발 아래 엎드려 나의 죄를 고백했고 도무지 용서할 힘이 없다는 것도 말씀드렸다.

> 내 멍에는 쉽고 내 짐은 가벼움이라 (마11:30).

천천히 그리고 의지적으로, 나는 내 더러운 죄 짐을 그분께로 옮겨 놓았다. 의지적으로 끓어오르는 원망과 상처와 분노를 그분의 손 안에 내려놓았다. 그리고 나서야 내 안에 밝은 빛이 동트듯 솟아오르는 것을 느꼈다. 급히 옷장 문을 열고 금테로 두른 사진액자를 꺼내어 칼리드의 얼굴을 내려다보았다. 그리고 기도했다. "오, 하나님. 내 구주 예수 그리스도의 이름으로 기도하오니 내 맘에서 원망을 씻어 주시고 대신에 칼리드를 위한 사랑으로 채워 주시옵소서." 사진을 쳐다보며 그 자리에 그렇게 오랫동안 서 있었다. 천천히 내 안에서, 부정적인 생각들이 사그러들기 시작했다. 그리고 기적처럼 사랑과 긍휼히 여기는 감정이 그 자리를 메꾸어갔다. 나로서는 거의 믿을 수 없는 지경이었다. 나는 실제로 전남편이 복받기를 원하고 있었던 것이다.

"오, 주님. 부디 그를 축복해 주세요. 그가 즐겁고 행복하게 살 수 있는 길로 인도해 주세요!"

그렇게 그를 축복하는 동안 영혼을 짓누르던 어두운 구름과 무거운 짐들이 사라졌다. 비로소 나는 그분 안에서 평화롭게 안식할 수 있게 된 것이다.

나는 다시 한번 그분의 영화로운 빛 가운데로 걸을 수 있게 되었다. 앞으로 다시는 하나님과 동행하는 길에서 탈선하고 싶지 않다는 소원이 간절해졌다. 나는 그때 이러한 결심을 두고두고 기억하고 싶어서, 늦은 시각이었지만 아래층으로 내려가 붉은 헨나 물감을 찾았다. 그리고 그것으로 양손 위에 십자가를 그리면서 그 순간의 결단을 다졌다. 나는 양손을 내려다보며 마음속으로 외쳤다. '다시는 하나님과 동행하는 빛의 길에서 탈선하지 않으리라.' 늘 하나님의 영광스런 임재하심 아래 걸을 수 있기까지 오랜 연습과 훈련이 쌓여야 하겠지만, 어쨌든 그분의 학교에서 배우고 있는 중이라는 큰 기쁨이 메아리쳤다.

그러던 어느날 밤, 치열한 영적 전쟁을 치러야 했다. 나는 흑암의 세력으로부터 오는 공격을 받을 수도 있다는 사실을 전혀 모르고 있었던 것이다.

제7장
불과 물의 세례

1967년 어느날 밤, 나는 곤히 자던 중에 갑자기 침대가 심하게 흔들리고 있는 것을 느꼈다.

지진이 난 것일까? 나는 순간 설명할 수 없는 공포에 사로잡혔다. 방안에 이루 말할 수 없이 징그럽고 사악한 존재가 와 있다는 것을 감지할 수 있었다.

갑자기 나는 침대 밖으로 내팽개쳐졌고, 실제로 내 육체가 시달렸는지 아니면 정신적으로 당한 것인지 잘 알 수는 없었으나 마치 태풍 속의 지푸라기처럼 휩쓸려 고통당하고 있었다. 그리고 마무드의 영상이 내 앞에 떠올라 아이를 보호하기 위해 몸부림쳤다.

죽음이 내 영혼을 덮친 것임에 틀림없다는 생각이 들었다. 사악한 존재가 소용돌이치는 검은 구름처럼 나를 삼켜버리려 하는 순간, 나는 이제 내 모든 것이 되어 주신 주님께 부르짖었다. "오, 주 예수님!" 이 한마디에 악마는 더욱 나를 흔들어대며 위협했다.

"제가 예수의 이름을 부르는 것이 마땅하지 않습니까?" 내 영혼은 하나님께 소리쳤다. 내 안에서 나도 모르는 큰 힘이 생겨, 나는 더욱 힘껏 소리로 외칠 수 있었다. "나는 그의 이름을 부르리라! 예수! 예수! 예수!"

그러자 나를 약탈하려던 악마의 공격이 사그러졌다. 나는 주님을 예배하고 찬양하는 가운데 그곳에 누워 있었다. 시각은 이른 새벽 3시였고, 그때서야 나는 눈꺼풀이 무겁게 내려와 잠에 빠져들었다.

아침에 라이샴이 홍차를 들고 들어오는 소리에 잠이 깼다. 나는 잠시 안도감을 느끼며 그대로 누워 있었다. 그리고 기도하려고 눈을 감았을 때 주 예수님이 내 앞에 서 계신 모습을 상상할 수 있었다. 그분은 흰 옷을 입으셨고 붉은 망토를 두르고 계셨다. 예수님은 인자하게 웃으시면서 말씀하셨다. "걱정하지 말아라. 다시는 이런 일이 생기지 않을 것이다."

나는 지난밤의 그 징그러운 경험은 마귀로부터 온 것이고, 예수님은 나를 위한 어떤 계획이 있으셔서 그런 시험을 허락하셨다는 것을 깨달을 수 있었다. 나는 지금도 내 영혼 가장 깊은 곳으로부터 소리쳤던 것을 기억한다. "나는 그의 이름을 부르리라, 예수 그리스도! 예수 그리스도!"

주님은 그때, 내 앞에 아직 그대로 서 계시며 말씀하셨다.

"빌퀴스, 네가 물 세례를 받아야 할 때가 되었다."

물 세례라고? 나는 또렷하게 그 단어를 들었고 그 말에 기운이 빠졌다.

서둘러 옷을 갈아입었고, 눌잔과 라이샴에게 점심시간이 다

되도록 꾸물거리며 서 있지 말라고 주의를 주었다. 그리고 창가
에 서서 생각에 잠겼다. 아침 공기가 차가왔다. 창 밖으로 보이
는 정원에서 희미한 안개가 가물거리며 올라가는 것이 보였다.
모슬렘 세계에서 세례라는 말이 무엇을 의미하는지 나는 잘 안
다. 성경을 읽는 것은 다른 사람들에게 그리 적대감을 주지 않
는다. 그들은 종교 서적을 읽는 것쯤으로 생각할 것이다. 그러
나 세례 의식만큼은 그런 식으로 지나쳐버릴 수 없다. 모슬렘에
있어서 세례란 이슬람 신앙을 배도하고 기독교인이 되었다는 사
실을 공개적으로 선포하는 표시다. 모슬렘들에게 세례란 바로
배반을 의미하는 것이었다.

나는 어려운 테스트를 받는 지점에 와 있었다. 문제는 명백
했다. 주님께 순종할 것인지 아니면 이 사회에서 배도사로 배척
받게 될 두려움에 굴복해 버릴 것인지 두가지 중 하나를 선택해
야 만 했다.

우선 나는 그것이 환청이 아니고 실제 주님이 그렇게 하라고
명령하신 것인지를 확인하고 싶었다. 그러나 그런 음성들을 듣
고 그것이 주님으로부터 온 것인지를 곧바로 분별하기에는 너무
나 어린 초신자였다. 하지만 성경이 그것을 확인해 주리라고 믿
었다. 그래서 성경으로 돌아가 어떻게 예수님이 요단강에서 세
례를 받으셨는지를 자세히 읽으며 살펴보았다. 로마서를 열어
바울이 죽음과 부활에 대해 쓴 부분도 읽었다. 바로 죄와 함께
"옛사람"은 죽고 예수 그리스도 안에서 지어진 "새로운 피조물"
로 재창조 되는 것이라고 써 있었다.

그렇다! 만일 예수님도 세례를 받으셨고, 또 성경이 세례받
을 것을 말하고 있다면 나는 두말할 나위 없이 순종해야만 했던
것이다.

나는 곧바로 벨을 눌러 라이샴을 불렀다.

"맨주에게 차를 대기시켜 놓으라고 전해 줘요. 점심식사 후 오울드 씨 집을 방문할 예정이니까."

나는 곧 마리와 켄의 조그만 거실에 앉아 여느 때처럼 속사정을 털어놓았다.

"켄." 나는 똑바로 그의 얼굴을 쳐다보며 말했다. "주님이 제게 세례받을 것을 말씀하셨다고 확신합니다."

눈썹을 치켜올리며 나를 바라보는 그는, 내가 진심으로 그런 이야기를 꺼내는 것인지 가늠하고 있는 듯이 보였다. 그리고 나서 켄은 앞으로 다가앉으며 심각하게 이야기하기 시작했다. "빌퀴스, 앞으로 당할 일에 대해 준비가 되셨나요?"

켄은 낮은 목소리로 내 말을 가로막았다. "예, 그러나!."

"빌퀴스, 요전에 한 파키스탄인이 묻기를 내가 모국에서 청소부로 전락하는 것을 상상해 보았느냐고 물었습니다." 그는 내 눈을 바로 쳐다보며 말했다. "지금부터 당신은 대대로 명예롭게 내려온 지주의 이름인 비굼 쉬에크란 명칭을 상실해도 좋은가요? 대신에 당신은 이곳 기독교인들인 청소부들과 한 부류로 취급받게 될텐데요."

그의 말은 단호했고, 나는 그를 똑바로 쳐다보기 위해 경직되어야 했다.

"예, 알고 있습니다."

그는 말을 이었다. "그렇다면 마무드의 아버지가 아이를 당신에게서 앗아가는 아픔을 견디실 수 있겠습니까? 그는 당신에게 마땅치 않은 보호자라는 누명을 씌울 수도 있습니다."

이것은 정말 내 심장을 칼로 도려내는 듯한 아픔이었다. 내가 걱정하지 않았던 바는 아니었으나 직접 켄의 입을 통해 들으니 앞으로 일어날 일을 눈으로 보는 것만 같았다.

나는 힘없이 말했다. "예, 알아요. 켄, 많은 사람들이 ······ 내가 무슨 수치스런 죄를 짓는 것으로 생각하겠죠. 그러나 저는 세례를 받고 싶어요. 무슨 일이 있어도 하나님께는 순종해야 하니까요."

우리의 대화는 예기치 않은 미첼 부부의 방문으로 그렇게 끊겼다. 켄은 즉시로 우리가 서로 의논하던 화제를 그들에게 말했다. "빌퀴스가 세례받기를 원한답니다." 잠시 침묵이 흘렀고 신노브는 기침을 했다. "그런데, 여기는 저수지가 없어요." 데이비드가 입을 열었다. "페샤와에 있는 교회는 어떨까요?" 마리가 물었다. "거기엔 저수지가 있어요."

내 가슴은 철렁 내려앉았다. 페샤와는 북서쪽 전방의 중심지다. 어느 모로 보나 그 지역은 보수적인 모슬렘 교도들의 과격한 행동으로 이름이 나 있는 곳이었다. 그곳에서라면 어떤 비밀이라도 한 시간 내에 타운 전체로 누설될 것이다.

켄은 페샤와로 가서 나를 위해 세례식을 요청하기로 했다. 하루나 이틀 만에 그 교회의 목사님으로부터 소식을 듣게 될 것이라고 했다.

그날 저녁, 전화벨이 울려서 받아 보니 파테 아저씨였다. 어린 시절, 나는 진심으로 파테 아저씨를 좋아하고 따랐었다. 그분은 언제나 내가 훌륭한 모슬렘이 되도록 신앙 지도를 해주는 신사였다.

"빌퀴스?" 삼촌의 무게 있는 목소리는 화가 난 듯했다.

"예."

"네가 성경을 읽는다고 들었는데 그게 사실이냐?"

"예!"

그가 어디서, 무슨 소문을 들은 것일까?

파테 아저씨는 목청을 가다듬고 말했다. "빌퀴스, 성경에 관해서는 어떤 기독교인하고도 토론해서는 안된다. 너도 알다시피 그들은 말쟁이들이야. 그리고 한번 토론이 시작되면 혼돈이 오고말지."

나는 그의 말을 막으려 했으나 그는 내 말은 듣지도 않고 계속 말했다.

"아무도 초대하지 말거라 ……." 삼촌은 힘주어 말했다.

"……."

"누구든 나와 의논하지 않고 집안에 불러들여서는 안된다! 네가 그렇게 하는 날에는 집안 식구들이 다시는 네 얼굴을 보지 않게 될거야, 알겠지?"

파테 아저씨는 숨을 가다듬느라고 잠시 말을 끊었다. 덕분에 나도 이야기를 할 수 있었다.

"삼촌, 들어 보세요." 전화선에 긴장이 흘렀다. 그러나 야무지게 말했다. "삼촌, 제가 어떤 사람인 줄 아시죠? 아무도 초대받지 않은 채로 내 집에 발을 들여놓지는 못해요." 그렇다, 파테 아저씨는 잘 기억하고 있을 것이다. 나는 이전에 사전 연락도 없이 방문하는 사람은 누구든 가리지 않고 가차없이 되돌려 보내는 데 능숙한 사람이었으니까.

"삼촌도 아시다시피 저는 제가 만나고 싶은 사람만 만나요."

그렇게 수화기를 내려놓았다. 그의 전화는 나머지 가족들이 앞으로 보일 기세의 전조였을까? 파테 아저씨는 내가 성경 읽는다는 소식에도 그렇게 강한 반응을 보이는데, 세례를 받았다고 하면 일가 친척들 모두가 펄펄 뛸 것은 너무도 자명했다. 나는 더이상 그 점을 생각하고 싶지 않아 일부러 외면했다.

그 일은 오히려 내가 서슴없이, 서둘러 세례를 받고 싶도록 자극했을 뿐이었다. 그러나 사실은, 내가 사랑하는 모든 사람들로부터 오게 될 압박감을 이겨낼 수 있으리라는 자신감이 없었다.

켄으로부터는 아무 소식도 없었다.

다음날 아침 성경 말씀을 읽는 동안, 나는 다시 한번 빌립이 이디오피아의 내시를 만나 복음 전하는 장면을 묵상했다. 내시는 물을 보자마자 서슴없이 수레에서 내려와 세례를 받았다. 바로 주님이 내게 이런 태도를 원하신다고 느꼈다. 주님이 내게 다시 말씀하시는 것 같았다. "지금 곧바로 세례를 받으라." 나는 오히려 시간을 지체하면 무슨 일인가 생겨서 방해를 놓을지도 모른다는 예감이 들었다.

그때 침대를 박차고 일어난 것은, 하나님이 원하시는 역사를 방해하려는 사악한 세력이 힘쓰고 있다는 것을 다시금 깨달았기 때문이었다. 성경을 내려놓고 하녀들을 불러 빨리 아침 시중을 들도록 한 다음, 차를 몰고 미첼 씨 집으로 달려갔다.

"데이비드!" 나는 그 집 문에 들어서기도 전에 물어 보았다. "페샤와에서 무슨 연락이라도 있었나요?"

"아뇨, 아직 안왔어요." 나는 목소리를 높였다. "당신이 직접 내게 세례를 주실 수는 없으세요? 오늘 여기서 말예요."

데이비드는 눈썹을 찌푸렸다. 그는 아직도 냉기가 도는 바깥에 서 있는 나를 집안으로 안내했다. "보세요, 빌퀴스! 그런 중요한 일을 놓고 무조건 서두르기만 하면 안돼요."

"난 주님께 순종해야 돼요. 그분은 내게 힘을 내어 앞으로 전진하라고 하셨어요."

나는 그에게 아침 시간에 성경을 읽다가 깨달은 점을 말했다. 앞으로 무슨 일이 가로막기 전에, 주님은 내가 세례받기를 원하신다고 말했다.

데이비드는 어쩔 수 없다는 듯이 양손을 벌렸다. "난 오늘 오후 신노브를 데리고 아보타바드에 가야 해요. 미안하지만 도와 드릴 수가 없군요. 빌퀴스." 그는 내 어깨에 손을 얹었다. "기다리세요. 빌퀴스. 내일 중으로는 꼭 페샤와에서 연락이 오겠지요."

나는 차를 몰고 오울드 씨 집으로 향했다. 켄과 마리가 나를 보고 인사를 막 하려는데, 나는 사정을 했다. "좀 도와주세요. 내가 즉시로 세례를 받을 수 있는 길이 없을까요?"

"우리 목사님께 여쭈어 봤는데요 ……." 켄이 내 팔을 잡고 거실로 안내하며 말을 이었다. "이런 일은 위원들의 회의 절차를 밟아야 한대요."

"절차라니요?" 내가 놀라서 물었다. "무슨 절차요?"

그는 목사님은 내게 세례를 주고 싶어하시지만, 우선 교회 이사회로부터 승인을 얻어야 한다고 설명했다.

"아마 그러느라고 며칠은 걸릴 겁니다." 그는 말을 이었다. "그리고 그 사이에 무슨 일이 생길지도 모르죠."

"맞아요!" 난 한숨을 쉬었다. "말이 새어나가겠지요."

나는 무슨 좋은 수가 없을까 하고 궁리했다. 그런데 켄이 놀라운 이야기를 해주었다. 한밤중에 그는 "성경 654페이지를 열어보라."고 지시하는 하나님의 음성을 들었단다. 그래서 참 희한한 일도 다 있다 싶어 성경을 열었는데, 그것은 욥기 12장과 14장이었다고 한다. 그리고 그 페이지에서 한 구절이 특히 눈에 들어왔는데 그 말씀을 통해 자신이 은혜받았고, 또 나를 위한 말씀도 된다며 이야기해 주었다. "내가 어찌하여 내 살을 내

이로 물고 내 생명을 내 손에 두겠느냐"(욥13:14). "그러나 그
가 나를 죽일지라도 나는 그를 의지하리라"(Though he slay
me, yet will I trust in Him).

정말 나는 죽을 준비가 되어 있을까? 나는 정말 하나님을 의
지하고 있는 것일까? 나는 켄의 팔을 붙들고 졸랐다. "제게 지
금 물로 세례를 주세요. 그리고 나서 죽으라면 죽겠어요. 차라
리 천국에서 주님과 함께 있는 편이 나아요."

나는 의자에 몸을 던져 털썩 앉은 다음 켄을 올려다보았다.

"켄, 죄송해요. 저는 더이상 기다릴 수가 없어요. 내가 지금
한 가지 사실을 분명히 안다면, 그건 주님이 내게 지금 세례를
받아야 한다고 말씀하신 것입니다. 무리가 되겠지만 당신께 부
탁드리고 싶어요. 도와주세요."

켄도 의자에 털썩 주저앉아 손으로 머리를 쓸어올렸다.

"물론이지요." 그는 마리를 쳐다보며 말했다. "우리 미첼 씨
집에 가서 함께 궁리해 봅시다."

우리는 구불구불한 와마을의 도로를 돌아 미첼 씨 집으로 갔
다. 잠시 동안 우리들은 그 집 거실에서 기도하며 조용히 앉아
있었다. 켄은 한번 숨을 깊이 들이마시고 나서 모두에게 이야기
했다.

"우리 모두는 하나님께서 그분의 특이하신 방법으로 빌퀴스
를 오늘날까지 인도해 주셨다는 것을 잘 압니다. 만일 빌퀴스가
지금 세례받는 것이 하나님의 뜻이라고 굳게 믿는다면, 굳이 지
체할 필요가 있겠습니까?" 그는 데이비드에게 눈길을 돌리며 말
했다.

"자네, 오늘 아보타바드로 간다고 했지? 그러면 나도 마리와
빌퀴스를 데리고 그곳으로 가서 자네 부부를 만나겠네. 그리고

오늘 오후에 세례식을 진행해 봅시다. 페샤와는 잊어버리고 말이야."

우리 모두는 그 의견에 찬성했고 곧 떠날 채비를 차렸다. 나도 서둘러 집으로 와서는 라이샴에게 여벌의 옷 한 벌을 가져오라고 일렀다. 오울드 부부는 내가 세례받은 후 옷이 필요할 것이라고 말해 주었다. "그렇다고 물 때문에 다치지는 않을 거예요." 켄이 덧붙였다.

그러나 나는 이 모든 돌아가는 일에 대해 여전히 불안감을 떨쳐버릴 수가 없었다. 나는 조급한 마음이 들었다. 하지만 하나님께서 내게 여러 가지 방법으로 구체적인 지시를 주시지 않았는가? 그분은 지금 내가 세례를 받아야 한다고 말씀하시지 않았는가?

한 가지 생각이 떠올랐으나, 나는 그런 우스운 생각을 떨쳐버리려고 애썼다. 말도 안되는 이야기였다.

그럼에도 불구하고 그 생각은 내 안에서 계속 고집을 피웠으므로 주님께 기도로 여쭈어 보았다. "하나님 아버지, 그렇게 해도 괜찮을까요?"

그렇게 해서 1967년 1월 24일, 내 생애에 있어서 가장 잊지 못할 세례식을 시작하기까지 이르렀다.

내가 부르는 소리에 라이샴이 올라왔다.

"라이샴, 물탱크에 물을 가득 채워 봐요."

라이샴은 당황한 눈치였으나 꼬치꼬치 묻지는 않았다. 라이샴이 물이 준비되었다고 알려왔을 때 나는 그녀에게 돌아가 있으라고 말했다. 내가 그때 거행하려고 했던 의식에는 신학적인 문제가 다분히 있을지도 모른다. 그러나 나는 신학적인 정당성을 생각할 여유조차 없었다. 나는 단순히 성경에 기초한 강한 명령에 순종하려고 했다. 그때는 내가 세례받으려는 것을 방해하는 세력이 가로막으려고 한다는 확신이 들었으므로, 그날 오후의 약속 시간까지 기다리기엔 혹시나 하는 의심이 들었다.

무엇보다도 주님의 임재하심 안에 거하기를 원했고 내가 그때 하려고 했던 의식은 하나님께 드리는 순종을 전제로 한 실천이었으므로, 나는 욕실로 걸어 들어가 수조 안에 발을 넣었다. 수조에 앉으니 물은 거의 어깨까지 찼다. 나는 내 손을 머리에 얹고 큰소리로 선포했다. "빌퀴스, 네게 아버지와 아들과 성령의 이름으로 세례를 주노라." 그런 다음 머리를 물 속으로 쑥 집어넣어 온몸이 완전히 잠기도록 했다.

물에서 일어날 때는 내 영혼이 기쁨과 찬송으로 가득 찼다. "오 아버지, 감사합니다. 참 다행이에요." 내 죄는 이제 씻겨졌으며 주님이 나를 받아 주셨다는 사실에 감격했다.

라이샴에게는 내가 수조의 물로 무엇을 했는지 말하지 않았다. 그녀 또한 워낙에 내성적인 사람이라 캐묻지 않았다. 나는 곧 옷을 갈아입고 오울드 씨 부부가 나를 데리고 세례받기로 한 아보타바드를 향해 떠날 수 있기를 기다렸다. 나는 이 상황을 신학적인 사고로 해석하지는 못하고 있었다. 그러나 동기는 분명했다. 이 기독교인 친구들은 나를 도와줄 일이라면 무엇이든 발벗고 나서 주었다. 그들은 이미 나를 위해 먼 길을 모험해 왔으며, 난 그들을 실망시키고 싶지 않았다. 나 또한 그들과 함께 세례를 받으러 갈 작정이었다. 물론 이미 세례식은 거행된 것이라고 나의 훈련되지 않은 본능은 말하고 있었지만 말이다. 기다리는 동안 성경을 읽으려고 했으나 내 영혼은 흥분할대로 흥분해 있었기 때문에 그 무엇에도 집중할 수가 없었다. 하나님께 순종하고 있는 동안에는 언제나 그랬듯이 하나님의 영광 안에서 기뻐하고 있었고, 성경은 내가 하나님의 뜻 안에 있는지를 확인해 주는 유일한 의지가 되어 주었다.

"비굼사힙, 비굼사힙!"

라이샴이 나를 부르고 있었다. 오울드 씨 부부가 아래층에서 기다리고 있었다.

마무드에게는 늦게 돌아올 것이라고 이미 말해 두었다. 난 그애가 이런 일에 대해 어떤 모양으로든 개입되지 않는 것이 좋겠다는 생각이 들었던 것이다. 그다음 아래층으로 내려가 켄과 마리와 함께 집을 나섰다.

아보타바드까지는 두 시간 정도의 여행길이었는데 길가에는 전나무와 소나무들이 줄을 이어 있었다. 나는 욕실에서 스스로 거행한 세례식 이야기는 꺼내지 않았다. 그 대신 내가 이 길을 전에는 자주 다녔으므로 얼마나 익숙한지를 이야기했다. 우리 식구들이 그 길을 따라 여행을 떠날 때면 으레히 여행짐을 가득 실은 차들이 몇 대씩이나 뒤를 따르며 긴 행렬을 이루곤 했었다. 그 길을 지나면서, 내 오랜 유산과 전통을 배반하고 있다는 자책감이 들지도 모른다는 생각을 조용히 하고 있었다.

우리는 선교관에 도착하여 책임자인 캐나다 출신 의사 부부인 밥과 그의 아내 매들린 블랑카드, 또 기다리고 있던 미첼 부부를 만났다. 그들 옆에 파키스탄인 남자도 서 있었다. "이 신사는 파드리 바하두르예요. 당신에게 세례를 줄 목사님이세요." 신노브가 말했다.

나는 성공회 의사와 또 한 사람의 파키스탄인 목사를 포함한 다른 이들도 둘러보았다.

"아마도 이런 일은 예언이라고도 볼 수 있을 거예요. 빌퀴스." 신노브가 말했다. "아마 당신을 통해 많은 기독교인들이 서로 하나가 될 거예요. 왜냐하면 이번 세례식은 처음으로 파키스탄의 침례교인들과 장로교인들, 그리고 성공회 교인들이 모두 한자리에 모인 공동 행사가 되었으니까요."

방에는 들뜬 분위기가 감돌았다. 문들은 모두 꼭 걸어 잠겨 있었고 창문들도 완전히 가려져 있었다. 1세기 기독교인들이 로마 통치하에서 어떻게 카타콤에 숨어 세례식을 거행했는지를 상상할 수 있을 것 같았다.

사람들이 식을 준비하는 동안 나는 묻지 않을 수가 없었다. "그런데 수조는 어디에 있죠?" 곧 물탱크 같은 것은 그 어디에도 없다는 것을 알게 되었다. 그러자 켄은 머리 위에 물을 흩뿌리는 식으로 세례를 받게 될 것이라고 말해 주었다.

"하지만 예수님은 요단강에 잠기는 식으로 세례를 받으셨잖아요?" 나는 반문했다. 오던 길에, 그 선교관에 닿기 바로 전에 우리는 강을 가로질러 건넜다. "저를 강으로 데려다 주시면 안 될까요?" 이렇게 묻고 나서 생각해 보니 강물은 차갑기 그지없을 것이고, 다른 이들은 얼음처럼 찬 강물에 들어가고 싶지 않을 것이 분명했다. 따라서 난 고집을 피우지는 않았다. 더군다나 이미 하나님이 보시는 앞에서 거룩한 세례식에 참여하지 않았는가?

그래서 머리 위에 물을 뿌리는 식으로 세례를 받게 되었다. 목사가 내 머리에 물을 뿌리는 동안 주님이 껄껄대고 웃고 계신 모습을 상상해 보았다. 세례식 후에 둘러보니 방안의 모든 사람들의 얼굴이 눈물로 얼룩져 있었다. "어머나." 나는 오히려 웃음이 나왔다. '그렇다고 우시면 조금도 저를 격려하는 것이 아닙니다.'

"오 빌퀴스." 신노브가 흐느껴 울며 달려와 내 목을 끌어안고 더이상 말을 잇지 못했다.

"진심으로 축하드립니다." 저마다 돌아가며 축하의 말을 해주었다. 신노브는 특송을 했으며, 켄은 성경 구절을 읽었다. 식이 끝나고 어느새 집으로 돌아갈 시간이 되었다.

오는 동안 차 안에 있는 사람들은 모두 침묵을 지켰다. 그러나 아무도 불안해 하거나 긴장감에 사로잡혀 있지는 않았다. 기독교인들과 함께 있으면 늘 마음이 편해졌다. 우리들은 서로 뜨거운 작별 인사를 하고 각자 집으로 향했다.

그러나 현관문에 들어서자마자 그동안의 평화로웠던 분위기가 산산조각이 나 있는 걸 직감할 수 있었다. 집 지키던 하인이 급히 달려와 눈을 휘둥그렇게 뜨고는 근심스러운 얼굴과 목소리로 말했다.

"오, 비굼사힙. 마님의 가족들이 여기 와서 여러 가지 묻고 갔습니다요. 마님이 기독교인들과 어울려 다니는 줄을 이미 알고 왔다면서 …… 그리고 ……." 나는 손을 들어 올리며 말을 막았다. "그만해 둬요." 나는 하인들이 더이상 말을 하지 못하도록 명령했다.

"그동안 찾아온 사람들이 누구지?"

하인이 사람들의 이름을 나열하는 동안 등골이 오싹해졌다. 그들은 우리 가문의 지도자 어른들인 삼촌들, 나이 드신 사촌들과 외숙모들인데, 생사를 판가름할 만큼 중요한 일을 결정짓기 위해 날 찾아온 것이 분명했다.

가슴이 덜컥 내려앉았다. 그날 밤 마무드와 저녁식사를 하면서, 되도록이면 두려움에 사로잡혀 있는 내 모습을 보이지 않으려고 애썼다. 아이가 잠들기를 기다려 침대에 눕히고 침실로 돌아와 물결 무늬가 새겨진 창문을 통해 밖을 내다보았다. 눈이 그쳐서 차가운 겨울 달빛 아래 잡힌, 사랑하는 내 정원의 윤곽을 또렷이 볼 수 있었다. 어느 구석을 보아도 내 오랜 정든 집의 위안이 깃들여 있지 않은 곳이 없었다. 그곳은 내가 지극히 아끼고 사랑하던 피난처이며 성소였다.

그런데 지금은? 내가 안식처였던 이 집을 지킬 수 있을까? 그건 참 이상한 생각이었다. 나는 언제나 가문, 돈 그리고 명성이라는 안락함 속에서 특권을 누려왔었다. 한편, 이런 생각은 예언적인 것임에 틀림없으리라는 예감이 들었다. 나를 방해하려는 어두운 세력이 벌써 이런 식으로 모습을 드러내고 있었다. 그것도 내가 사랑하는 가족들을 통해서 말이다. 소위 의존해 온 권력과 안락은 나의 가문에 달려 있었다. 가족들 모두가 한꺼번에 일어나 나를 대적하면 그때는 어디에 서야 하나? 주님이 내게 서둘러 세례를 받으라는 지시를 주신 것은 분명히 이런 이유가 있기 때문이었을 것으로 생각되었다. 주님은 나를 잘 아신다. 주님은 내가 이런 식으로 가장 깊은 상처를 받으리라는 것도 이미 잘 알고 계셨다.

계속 창 밖을 내다보며 서 있었는데 바람에 흔들리는 나뭇가지의 그림자들이, 화려한 무늬가 아로새겨진 창문 위로 뛰놀고 있었다.

"오 주님." 나는 기도했다. "그들 모두가 한꺼번에 저를 덮치지는 않도록 도와주십시오. 제발 한번에 한 사람씩만 시련을 가져오도록 해주십시오."

이 말을 마치고 한숨을 쉬는데, 문을 두드리는 소리가 났다. 아래층 담당 하녀가 손에 우편물을 들고 들어오며 말했다. "지금 막 배달되었어요." 궁금한 마음에 성급히 뜯어 보았다. 성경이었다. 그 안에는 "사랑하는 자매님의 탄생을 축하하며"라는 글과 함께 켄과 마리 오울드의 사인이 있었다. 나는 성경을 끌어안으며 이렇게 좋은 친구들을 보내 주신 하나님께 감사드렸다. 그리고 성경을 폈다. 한 구절이 마치 그 페이지에서 튀어나와 있는 것처럼 눈에 들어왔다.

  "내가 그들을 사방으로 흩을 것이라."

  그 당시에는 이 말씀이 무엇을 의미하는지 잘 이해하지 못했었다.

제 8 장
보호하심이 따랐는가

다음날 아침 나는 불안에 싸인 채로 눈을 떴다. 친척들은 다시 날 찾아올 것이다. 한 사람씩 오던지 아니면 짝을 지어 그룹으로 오던지 ……. 그러나 어떤 식으로든 거친 대면은 싫다. 비난과 분노에 찬 경고, 또 유혹과 협박으로 몰려오리라. 그러나 무엇보다도 가장 염려가 되는 것은 그들에게 지울 수 없는 상처를 남기게 될지도 모른다는 두려움이었다.

나는 하나님이 나의 요청에 어떻게 응답하실지를 몰랐으므로, 라이샴을 불러 제일 좋은 옷을 가져오게 해서 가장 매력적으로 보이는 것을 골라 입었다. 그리고는 문지기에게 오늘 찾아오는 손님은 누구든지 기쁘게 만나 주겠다는 전갈을 보내고 응접실로 나갔다. 흰색 실크의자에 앉아서 마무드가 장난감 차를 가지고 노는 동안, 아이 차가 누비고 다니는 페르시아 양탄자의 페이즐리 무늬를 골똘히 쳐다보고 있었다. 자명종 시계가 10시를 쳤다. 그리고 11시를 쳤다. 마침내 정오가 되었다. 그러나 아무 일도 없었다. 그들은 오후에 찾아오기로 서로 약속을 해놨는지도 모르는 일이었다.

점심식사 후 마무드가 꾸벅꾸벅 조는 동안에도 계속 기다렸다. 3시가 되자 밖에 차 한 대가 와서 멈추는 소리가 들렸다. 나는 도전에 맞설 마음의 준비를 하고 있었다. 그런데 차가 그냥 가버리는 것이었다. 어떻게 된 걸까? 하녀에게 묻자 어떤 사람이 배달물을 가져왔을 뿐이라고 전했다. 시간이 흐를수록 응접실의 기다란 창문은 어둑어둑해지고 그림자가 천정으로 길게 드리워졌다. 시계를 쳐다보았다. 7시! 그때 전화가 울렸다. 찾아오는 대신 전화를 한 것일까?

수화기를 들었다. 그러나 내가 잘 아는 부드러운 목소리 ─ 마리 오울드였다. 그녀의 목소리는 나를 몹시 걱정해 주는 기색이었다. 전날 친척들이 그렇게 밀어닥친 것을 보면 틀림없이, 내가 개종한 사실이 이미 퍼져 나갔을 것이다. 그래서 염려가 되었을까?

"괜찮아요?" 마리가 물었다. "당신 때문에 걱정하고 있어요." 나는 괜찮다고 말했다. 마리는 차 한 대가 지나가는 것을 보았느냐고 묻고는 이내 전화를 끊었다. 가족들은 연중 이맘 때엔, 여덟 시 이후에는 방문하지 않는다. 그것은 밤길에 집으로 돌아갈 때의 안전을 생각해서였다. 그래서인지 친척 중 어느 누구 하나 방문하는 사람도, 전화도 없었다.

곧 누구로부터든 위로를 받고 싶었다. 오울드 부부가 떠올랐다. 마리는 왜 그렇게 염려하며 전화를 걸었을까?

나는 오울드 씨 집으로 향했다. 그런데 그 집 앞에 도착하자 집 주변이 온통 캄캄한 데 흠칫 놀랐다.

불현듯 공포가 엄습하며, 마당으로 통하는 문에 들어서는 동
안 축축하고 선득한 무엇인가가 나를 자극하는 것 같아 소름 끼
쳤다. 칠흙 같이 어두운 뜰 안의 어느 귀퉁이에선가 흑암이 나
를 향해 공격해 오는 것만 같았다. 그날 밤 나는 그 두려움에서
혼자 헤어날 만한 지각력을 상실한 느낌이었다. 저 어두움 뒤에
있는 존재는 무엇일까? 심장이 뛰었다. 나는 뒤돌아서서 차를
향하여 막 달려갔다. 그러다가 멈춰섰다. '아니야. 이건 적절한
처신이 아니야.' 내가 하나님 나라에 속해 있다면 나는 당연히
하나님의 보호를 받을 권리가 있었다. 여전히 많이 두려웠으나
그 어두움 앞에 맞서서 스스로, 의지적으로 부추겨 하나님의 큰
손안으로 되돌려 놓았다.

"예수. 예수. 예수!" 나는 소리내어 외쳤다. 그리고 반복하여
소리쳤다. 그러자 믿을 수 없으리 만큼, 조금 전까지만 해도 엄
습했던 두려움이 떠나갔다. 다시 한번 두려움이 몰려왔다가 사
라졌다. 그리고 난 후 완전히 자유케 되었다.

이제는 미소까지 띄우고 오울드 씨의 집을 향했다. 몇 걸음
떼자, 거실의 커튼 사이로 불빛이 새어나오는 것이 보였다. 나
는 가만히 노크했다.

문이 천천히 열렸다. 마리였다. 그녀는 나를 보자 안도의 한
숨을 쉬었다. 그리고는 재빨리 나를 안으로 들여 꼭 끌어안았
다. "켄, 켄, 켄!" 마리가 호들갑스럽게 부르자 켄이 즉시로 나
와서 "오 하나님, 정말 감사합니다" 하고 소리쳤다.

"우리는 걱정을 많이 하고 있었습니다." 켄은 내게 세례를 준
파키스탄인 목사가 나의 안전에 대해 염려하면서 혼자 놔두면
안된다고 했다는 이야기를 전해 주었다.

"그래서 그렇게 걱정을 했군요. 마리." 나는 터져나오려는 웃

음을 간신히 참으면서 말했다. "이제, 온 마을이 내가 개종한 사실을 알게 되겠죠. 여하튼 감사드려요. 지금까지는 아무 일도 일어나지 않았어요. 친척들도 아직은 나타나지 않았고요. 내 기도가 얼마나 놀랍게 응답되었는지 모르실 거예요."

"하나님께 감사드립시다." 켄이 말했다. 우리 셋은 거실바닥에 모두 무릎을 꿇고 하나님께 감사드리며, 또한 계속해서 지켜주시기를 기도했다.

그리고 집으로 돌아왔다. 두려움에 직면하였으나 만유 위에 뛰어나신 예수의 이름으로 하나님의 도우심을 입은, 전보다 더 부요한 사람이 되어 집으로 돌아온 것이다. 하인들의 말로는 그날 밤 전화가 걸려온 곳이 없다고 했다. 겨우 한숨 돌리며 잠자리에 들 준비를 할 수 있었다. 또 새 하루를 맞이하기 위해서 말이다.

다음날 나는 하루종일 응접실에서 친척들의 반응을 기다리며 초조해 했다. 순간순간 기도하고 생각하면서, 응접실의 하얀 모자이크 타일과 페르시아 양탄자의 페이즐리 문양을 세어 보면서 하루를 지냈다. 온종일 아무런 소식도 오지 않은 채 ……. 어떻게 되어가는 것일까? 쥐와 고양이 게임이라도 벌어지고 있는 것일까? 하인들에게 물어 보아야겠다는 생각이 들었다. 파키스탄에는 주인이 알고 싶은 문제가 있을 때 집안의 하인들에게 캐묻는 습관이 있다. 그들은 신통한 정보망을 통해서 모든 사람에 관한 대부분의 일들을 알고 있기 때문이다. 결국 눌잔을 불렀다. "말해 봐. 우리 친척들에게 무슨 일이 있지?"

"오, 마님." 그녀는 킬킬거리는 웃음을 참으면서 대답했다.

"아주 이상한 일이에요. 마침 모든 분들에게 동시에 바쁜 일이 생긴 모양이에요. 마님의 오빠되시는 분은 연례 행사인 겨울 크리켓 토너먼트에 가셨어요." 나도 웃었다. 오빠에게 있어서 크리켓은 누이동생이 지옥으로 떨어지는 것보다도 중요했다. "또 마님의 파테 삼촌은 법정 일로 지방으로 떠나셨구요, 아미나 숙모님은 라홀로 떠나셨고 마님의 두 사촌은 사업차 출동하셨구요, 그리고 ……." 나는 눌잔을 멈추게 했다. 그녀가 더 말할 필요가 없었다. 주님이 말씀하신 대로였다. "그들을 흩을 것이라." 주님이 그들을 흩으신 것이다. 주님이 껄껄 웃으시는 소리를 듣는 것만 같았다. 나를 염려할 만한 친척들은 모두 나를 내버려 둔 채 떠난 것이다. 그러나 얼마 후면 그들은 다시 한 사람씩 돌아올 것이다.

정말 그랬다. 첫번째 사람은 아미나 숙모였다. 숙모님은 키가 훤칠하시고 위엄이 있는 우아한 70대 부인이었다. 숙모님이 우리 응접실에 들어서자 그녀의 동양적인 품위가 초현대식으로 배열된 서양풍 가구와 대조되어 맵시있게 두드러져 보였다. 지난 수년간 우리 사이는 신뢰와 사랑으로 그 관계가 친밀했었다. 그러나 걸어 들어오는 목련 같이 창백한 그녀의 얼굴은 여느 때보나 너 창백하게 보였고 회색빛 눈가에는 슬픔이 어려 있었다. 우리는 환담을 나누면서, 마침내 숙모님은 방문한 진짜 이유를 언급했다. 그녀는 돌아앉아서 헛기침을 하고는 평범한 어조로 말을 꺼내려고 애썼다. "에 …… 빌퀴스 …… 저 …… 내가 듣기로는 …… 네가 크리스찬이 되었다고 하던데, 그게 사실이냐?" 나는 그냥 웃으며 바라보기만 했다. 그녀는 불편한 듯이 자세를 고쳐 앉으며 말을 이었다.

"내 생각에는 사람들이 너에 대한 나쁜 소문을 퍼트린 것 같은데 ……."

그녀는 주저하듯 말하면서, 부드러운 눈길로 사실이 아니라고 말해 주길 기다리는 듯했다. "그건 거짓이 아니에요, 아미나 숙모님."

"저는 이미 그리스도께 분명히 서약했고 세례도 받았어요. 저는 이제 크리스찬입니다." 그녀는 두 손을 뺨에 갖다대면서 "오, 세상에 그럴 수가?" 하고 외쳤다. 그리고 나서, 이제 더이상 어떻게 해볼 수 없다는 뜻인지 잠시 동안 너무나 묵묵히 앉아 계셨다. 그리고 숙모님은 천천히 숄을 두르면서 일어나시더니 얼음처럼 차가운 위엄을 풍기며 걸어 나가셨다. 나의 의기는 무너져버렸다. 그러나 주님께 숙모님을 짓누르는 아픔으로부터 제발 보호해 주시기를 기도드렸다. 비로소 내 가족을 위한 주님의 기도를 발견해야 함을 깨달았다. 내게 사랑을 베풀어 주던 가까운 이들의 마음에 상처를 주게 됨이 안타까웠다.

"주님, 물론 이들 모두를 위한 최선의 일은 주님을 알게 되는 것이겠지요. 그러나 그들이 변화되지 않는다 해도 주님은 여전히 그들을 사랑하시리라는 것을 압니다. 주님, 간구합니다. 주님의 특별하신 은혜로 나의 사랑하는 이들을 한 사람, 한 사람씩 붙들어 주십시오. 더욱이 저의 아미나 숙모님을 위해 역사해 주십시오. 감사합니다. 주님." 다음날도 나는 기도를 드렸다. 사촌오빠인 아슬람을 위한 기도였다. 그러던 중에 그가 찾아왔다. 그는 와마을에서 45마일 정도 떨어진 곳에서 변호사 일을 하고 있었다. 작은아버지의 아들인 그는 우리 아버지 성품을 많이 닮았다. 아버지가 지니셨던 따뜻한 웃음과 친근감 있는 유머, 센스로 사람들에게 접근하는 모습도 닮았다. 그의 태도로 보아서는 내 문제에 대해 아직 듣지 못한 것 같았다. 우리는 몇 가지 농담도 했다. 그러던 중 아슬람이 말했다.

"가족 회의가 언제지? 데리러 올테니까 내 차로 같이 가자."

나는 소리내어 웃으면서 "가족 회의가 언제 열리는지 저는 몰라요. 아슬람, 그렇지만 저를 초대하지 않을 거라는 것쯤은 알고 있죠. 나 때문에 열리는 회의일테니까요." 그가 어리둥절해 하는 것 같아서 모든 것을 설명해 줘야겠다고 생각했다. "오빠, 꼭 회의에 참석하세요. 오빠라면 저를 꼭 변호해 주시겠죠?"

나는 슬픔에 잠겨 돌아가는 그의 뒷모습을 지켜보아야 했다. 결정적인 순간이 점차 다가오는 것 같았다. 우선 가능하면 빨리 라왈핀디와 라홀로 떠나 자식들을 만나보는 게 좋겠다는 생각이 들었다. 투니와 큰아들 칼리드가 나에 대한 왜곡된 소문을 듣는 것이 싫었다. 딸 칼리다에 대해서는 그리 염려하지 않아도 되었다. 그 애는 아프리카에 살고 있었으니까 말이다. 그러나 칼리드와 투니는 곁에 있지 않은가. 바로 그 다음날, 나는 라홀로 떠났다. 칼리드는 사업 수완이 능숙한 게 분명했다. 넓은 베란다와, 빈틈없이 손질된 잔디가 있는 멋진 방갈로 달린 그의 집이 그것을 여실히 증명해 주고 있었다. 내 차를 문 안쪽 입구에 세워 놓고 넓은 베란다를 향해 걸어 들어갔다. 칼리드는 가족들에게 세심한 신경을 쓰는 편이라 내게 장거리 전화를 걸곤 했었다. 그는 서둘러 나오면서 인사를 건넸다. "어머니. 어서 오세요." 그러나 그의 환영하는 모습 어딘가에서 당황하는 기색을 느낄 수 있었다. 우리는 그날 오후 내내, 그간 내게 일어났던 일에 대해 이야기했다. 그러나 그는 전혀 이해하지 못했다. 그리고 다음날은 딸 투니를 만나러 라왈핀디로 갔다. 나는 곧바로 딸애가 근무하는 병원으로 향했다. 투니를 불러 달라고 부탁하고는, 기다리면서 어떻게 설명해야 할까를 생각했다. 그애는 이미 모든 이야기를 들어서 알고 있을 게 틀림없었다. 그애는 누구보다도 먼저 내가 성경을 읽고 있다는 사실을 알았고, 또 마무드가 병원에 입원했을 때도 내가 가톨릭 수녀인 샌디아고 의사와 회심에 대해 이야기하는 것을 단편적으로나마 엿들었을 것이다. 그애가 모르는 한 가지 사실이 있다면 샌디아고 의사와의 교제 후 일어난 내 삶의 변화였다. 그 자그마한 수녀가 내게 하나님을 나의 아버지로 생각하고 기도하도록 용기를 준 이후부터, 내 삶이 전적으로 변화되기 시작했다는 것을 그애는 아직 모르고 있었다.

"어머니."

나는 고개를 들고 내게로 급히 다가오는 딸애를 바라보았다. 투니의 갈색 머리가 풀을 먹여서 빳빳한 흰색 유니폼 위로 찰랑거렸다. 양팔을 벌리고 다가오는 그애의 얼굴이 기쁨으로 빛나고 있었다. 나는 일어섰다. 심장이 방망이질쳤다. 이런 식으로 딸애를 괴롭혀야만 하는가. 부드럽게 말할 방법을 생각해 내려고 애썼지만 너무나 반가와하는 그애의 모습은 나를 더욱 두렵게 만들었다. 점점 더 용기를 잃어갔다. 그러나 나는 불쑥 말을 꺼냈다.

"투니, 놀라지 말아라. 이틀 전에 나는 …… 세례를 받았단다."

투니는 얼어붙은 듯이 그 자리에 꼿꼿하게 서 있었다. 손을 반쯤 편 채 딸애의 민감한 눈에는 벌써 눈물이 고이고 있었다. 그리고 그애는 풀썩 내 옆에 주저앉았다.

"이런 날이 언젠가는 오리라 생각했어요." 그애의 말소리는 거의 들리지 않았다.

투니를 안심시키려 했으나 아무 소용이 없었다.

"아무 일도 없었던 것처럼 일할 수는 없어요." 투니가 조퇴 허락을 받아 함께 딸애의 아파트로 갔다. 투니가 잠겨 있던 문을 열자마자 전화벨이 울렸다. 급히 들어선 투니는 수화기를 들더니 나를 돌아다보며 말했다. "니나예요." 니나는 라왈핀디에 사는 조카딸이었다.

"니나는 그 소문이 사실인지 알고 싶대요." 투니가 다시 전화를 받자, 내가 서 있는 곳에서도 니나의 흥분된 목소리가 들려왔다. 투니가 부드럽게 대답했다.

"그래요, 사실이에요 …… 니나, 그랬어요." 그때 니나가 수화기를 꽝하고 내려놓은 모양이었다. 투니가 놀라서 수화기를 떼더니, 수화기를 쳐다보다가 어깨를 으쓱하고는 천천히 제자리에 놓았다. 다행히도 그러는 동안 자신의 생각을 정리할 시간이 주어진 것 같았고 나도 내 생각을 정리했다.

"이리 와 봐라, 투니." 나는 말했다. "네가 느끼는 대로 이야기해 보렴." 투니는 전혀 반대하지 않았으므로, 나는 몇 분 후에 집을 향해 그랜드 트렁크 로오드를 달리고 있었다.

집에 도착하자 하인들이 몰려나왔다. 눌잔은 자신의 포동포동한 손을 쥐어짰고, 라이샴의 얼굴은 여느 때보다 더 창백해 보였다. 전화가 하루종일 빗발쳤고 친척들이 아침 일찍부터 문앞에 대기하고 있었다고 했다. 하인들이 시끄럽게 떠들어대는데 전화가 다시 울렸다. 영국 석유회사에 근무하고 있는 동생의 남편 자밀이었다. 나는 그를 세상 물정에 밝은 사람으로 늘 생각해 왔었다. 그런데 그때 그의 목소리는 전혀 그렇게 들리지 않았다.

"빌퀴스, 아주 이상한 말을 들었는데 …… 도저히 믿기지가 않습니다." 그는 무뚝뚝하게 말했다. "사업상 아는 친구가 그러는데 당신이 크리스찬이 되었다고 하더군요. 물론 나는 그런 일은 절대로 있을 수 없다고 면박을 주었습니다만." 말이란 정말이지 빨리 퍼져 나가는 것 같다. 나는 아무 말도 하지 않았다.
"빌퀴스." 자밀의 목소리가 거칠어졌다.
"내 말 듣고 있는 겁니까?"
"네."
"그 이야기가 사실입니까?"
"네."
어색한 침묵이 흘렀다. 잠시 후 "예, 거 아주 잘 됐군요." 하는 자밀의 빈정거리는 목소리가 들려왔다. "당신은 자신이 생각하는 것보다 훨씬 더 많은 것을 잃어버릴 겁니다. 왜인 줄 아십니까? 바로 그 별난 종교 때문입니다." 그는 전화를 끊었다. 그리고 10분쯤 뒤에는 투니가 흐느껴 울면서 전화를 걸었다.
"엄마, 나와즈 삼촌이 그러는데, 마무드 아버지가 아이를 데려간대요. 법적으로 어머니가 아이를 더이상 맡을 수 없다는 거예요."
딸을 달래보려고 하였으나, 결국 투니는 울면서 그렇게 전화를 끊었다.
그날 저녁 마무드와 함께 식사를 하고 있는데 투니와 두 조카딸들이 핏기 없는 얼굴로 찾아왔다.
"자, 앉아서 함께 식사를 하자꾸나" 하며 그들을 끌어당겼다.
"내가 식사 준비를 해오마." 그러나 투니와 조카딸들은 음식에만 손을 댈 뿐 아무 말도 하지 않았다. 나는 두 소녀를 보는 것이 기뻤으나 그들은 날 보는 것이 기쁘지 않은 모양이었다. 진부한 대화가 오가는 동안 마무드에게 나가서 놀라는 눈짓을 보냈다. 아이가 나가자 조카딸 한 아이가 걱정스러운 듯 앞으로 다가오며 말했다.
"저, 이 일이 다른 사람들에게 무엇을 의미하는지 아시나요?"

그녀는 눈물을 흘리며 말을 이었다.

"다른 사람들에 대해서도 한번 생각해 보셨나요?"

그녀의 물음은 조용히 나를 건너다보고 있는 다른 조카의 갈색 눈에도 그대로 써 있었다. 나는 테이블을 돌아가 그녀의 갸날픈 손을 잡았다.

"얘야." 나는 목메이는 소리로 말했다.

"나는 순종하는 것 외에는 달리 어떻게 할 도리가 없구나."

투니는 눈물을 글썽이며 나를 바라보았다. 그러나 딸은 곧 내 말을 듣지 못한 것처럼 간청했다. "어머니, 짐을 싸 갖고 이곳을 떠나세요. 서두르시면 그래도 싸 가지고 갈 물건들이 있을 거예요." 딸의 말소리가 격해졌다.

"사람들이 뭐라고 하는지 아세요? 어머니는 습격을 받을 거래요. 결국은 오빠도 어머니를 해치도록 강요받을 거라는 거예요."

투니는 마침내 울음을 터트리면서 말했다. "친구들이 엄마는 살해당하고 말 거라는 이야기를 했어요. 엄마."

"미안하다. 투니. 그러나 난 도망칠 순 없어." 나는 부드럽게 말했다. "내가 지금 떠난다면 아마 평생을 도망다니게 될 거다." 이렇게 말하면서, 어느새 내 안에는 어떤 결단이 생기고 있었다.

"주님이 원하신다면, 하나님은 아주 쉽게 내 집에서 나를 보호해 주실 거야. 결코 어느 누구도, 누구도 ……." 나는 계속 말을 이었다.

"나를 밀어내진 못할 거다."

그러면서 순간 자세를 고쳐 앉았다. 갑자기 아주 격렬한 기분이 들어서였다.

'그들이 와서 공격해도 내버려 두자.' 나 자신에게서 무슨 일인가 일어나는 듯한 강한 확신이 들었다. 하나님의 따뜻한 임재하심이 느껴져 왔다. 동시에 내 주위에서 사람들의 말소리가 울리는 것을 느끼는 가운데 거의 얼이 빠져 앉아 있었다. 무슨 일이 있어도 나를 내 집에서 밀어내지 못하도록 해야겠다고 고집하고 있었다. 그것은 자존심 강하며 늙고 완고한 내 자신이 내린 결심이었다.

내 정신은 곧 의자에 앉아 있는 자신에게로 돌아왔다. 투니는 내게 열심히 이야기를 하느라고 열을 올리고 있었다.

"…… 좋아요. 엄마." 투니는 울부짖었다.

"그래서 엄마는 크리스찬이 되었군요. 그리고 당연히 순교자가 되시겠군요." 투니는 내 옆에 무릎을 꿇고 내 어깨에 자신의 머리를 파묻었다.

"우리가 당신을 사랑하는 것을 모르시나요?"

"물론 안다. 애야, 알고말고." 나는 딸의 머리를 쓰다듬으면서 속삭였다. 그리고 그 아이가 고집부리는 것을 용서해 주시기를 조용히 기도했다. '주님이 원하시는 것은 내가 어느 곳에 있든지, 설령 집을 떠난다고 하더라도 평강을 누리며 사는 것이겠지.' 속으로 이런 생각이 드는 순간, 하나님의 임재가 다시 느껴졌다. 세 여자가 내 앞에서 말하는 동안, 나의 삶이 또 다른 국면을 맞고 있다는 것을 깨달았다. 주님은 그 순간에도 역사하셨고 가르치셨다. 주님의 임재하심이 어떻게 계속되는지를 한 단계, 또 한 단계씩 인도하시며 가르쳐 주신 것이다.

"…… 그래서 나는 이렇게 결정했어요. 어때요, 엄마?"

투니의 목소리였다. 딸이 내게 동의를 구하는 것에 대해 나는 아무 것도 모르고 있었다. 투니는 계속 말했다. "마무드의 아버지가 아이를 데리러 온다고 하면 어머니는 제게 아이를 데려다 주세요. 저는 크리스찬이 아니니까요." 그녀는 강조하듯이 덧붙였다.

마침내 그들은 마음을 차분히 가라앉혔다. 내가 그들에게 자고 가는 것이 어떠냐고 묻자 그들은 승락했다. 투니와 조카딸들에게 잘 자라는 인사를 하면서 우리의 역할이 이젠 서로 바뀌었다는 생각이 들었다. 언젠가 나는 그들을 염려하며 보호하려 했던 때가 있었다. 그런데 지금은 서로가 서로에 대해 염려해 주고 있는 것이다. 그날 밤 나는 기도했다.

"주님, 당신을 믿지 않는 사람들을 이해시키기란 참으로 어렵습니다. 부디 저의 가족들을 돌보아 주시옵소서. 저는 사랑하는 이들이 심히 걱정스럽습니다."

그리고 난 후 깊은 잠에 빠져 들어갔고, 꿈에서 나는 육신을 떠나 둥둥 떠다니게 되었다. 소나무로 둘러싸인 푸른 언덕에 서 있는 자신을 발견했는데, 주위의 가까운 곳에서는 샘물이 솟아오르고 있었다. 그러더니 순식간에, 온통 천사들로 둘러싸인 내 자신을 바라볼 수 있었다. 그들은 너무 많아서 마치 짙은 안개가 피어오르는 것처럼 보였다. 그들은 "천사장 미가엘"이라는 이름을 부르며 이야기를 나누고 있었다. 또 천사들은 나를 격려했다. 그러한 가운데 잠에서 깨어났다. 의식이 깬 후에도 여전히 영적인 기운을 느끼며 마무드의 방으로 가보았다. 마무드가 침대에 있는 것을 확인하고는 딸과 조카딸들이 있는 방으로 가서 그들이 자고 있는 모습을 보았다. 그리고 나서 내 방으로 돌아와 무릎을 꿇었다.

"주님! 주님은 제게 여러 번 응답해 주셨습니다. 지금도 응답하여 주시옵소서. 마무드를 어떻게 해야 좋을까요? 저는 투니에게 확실한 대답을 하고 싶습니다.”

나는 성경을 열어 보아야겠다는 충동을 느꼈다. 성경을 폈더니 마침 한 구절이 눈에 들어왔다. 창세기22:12의 “그 아이에게 네 손을 대지 말라 아무 일도 그에게 하지 말라”고 한 부분이었다.

“오, 아버지. 감사합니다.” 나는 비로소 안도의 숨을 쉴 수 있었다.

아침식사 시간에 투니에게, 나는 자신있게 말할 수 있었다.

“투니, 네 아들에게는 아무 일도 일어나지 않을테니 염려하지 마라.”

그리고 성경을 펴서 내게 주신 말씀을 딸에게 보여주었다. 내 믿음이 전염된 것인지 아니면 성령님께서 딸에게 역사하셨는지, 투니의 얼굴에서는 긴장이 사라지고 이틀 만에 처음으로 웃음을 지어 보였다. 그렇게 딸과 조카들은 조금도 걱정하는 기색 없이 돌아갔다. 그러나 그 다음부터는 다른 친척들과 친구들이 홍수처럼 들이닥치기 시작했다.

며칠 후 라이샴은 일곱 분의 손님이 찾아왔노라고 알려왔다. 그들은 모두 나와 아주 가까운 분들이었다. 그들은 아래층에서 기다리고 있었는데 마무드를 빼놓고는 그들과 대면하고 싶지 않았다. 아이도 무슨 일이 일어나고 있는지를 알아야 했다. 그래서 아이를 데리고 아래층 응접실로 내려갔다. 그들은 의자에서 반쯤 앞으로 나와 허리를 꼿꼿하게 세우고 앉아 있었다. 차와 케이크와 몇 마디 대화가 오고간 뒤 그들 중 한 사람이 헛기침을 했다. 드디어 올 것이 온 것 뿐이라고 마음을 굳게 먹었다.

“빌퀴스.” 어릴 적부터 잘 아는 친구가 말했다.

“우리는 당신을 사랑하고 …… 당신이 저지른 이 일을 숙고

해 봤소. 그리고 당신을 도울 한 가지 방법을 생각해 냈소."

"예?"

그는 몸을 앞으로 숙이면서 미소를 지어 보였다.

"사람들 앞에서 당신의 기독교 신앙에 대해 공개적인 단언을 하지 마시오."

"당신은 지금 내 신앙을 비밀로 하라는 뜻입니까?"

"그렇소 ……."

"저는 그럴 수 없습니다." 나는 다시 말했다.

"저는 하나님을 상대로 장난을 칠 수는 없습니다. 죽어도, 그래요 …… 죽어도!"

그러자 그들 일곱 사람이 한꺼번에 나를 향해 분노의 눈초리로 쏘아보았다. 아버지의 오랜 친구분도 가까이서 나를 노려보았다. 나 역시 마주 노려보고 싶은 충동을 느꼈지만 자제했다. 그들은 나의 안락이 자신들에게 달렸다고 생각하는 것 같았다. "죄송합니다." 나는 주저하지 않고 말했다. "저는 여러분의 의사를 따를 수가 없습니다." 나는 내 신앙에 대해 빠르게 덧붙여 설명했다. 내가 크리스찬이 된 지는 한 달이 조금 지났고, 신앙은 이제 내 생활의 가장 중요한 부분이 되었다고 설명했다.

"나는 이 신앙에 대해 침묵할 수 없습니다." 그러면서 주님이 내게 주신 말씀을 인용했다.

"성경에 '누구든지 사람 앞에서 나를 시인하면 나도 하늘에 계신 내 아버지 앞에서 저를 시인할 것이요 누구든지 사람 앞에서 나를 부인하면 나도 하늘에 계신 내 아버지 앞에서 저를 부인하리라' (마10:32, 33)고 했습니다."

"그러나." 옆에 앉아 있던 나이 많은 한 신사가 입을 열었다.

"당신이 처한 상황은 매우 특별해요. 내 생각에도 당신의 하나님은 당신이 침묵하는 것을 탐탁치 않게 여기실 것이 뻔하죠.
그러나 당신의 하나님은 사람들의 속마음을 알고 계시지 않소?
아주 잘 알고 계실 겁니다."

그는 배교에 대한 코란의 법을 인용하면서 계속 말했다. "우
리가 두려워하는 건, 누군가 당신을 죽일까 봐 겁이 난다 이겁
니다."

나는 웃었으나 다른 사람들은 조금도 웃지 않았다. 그들이
느끼고 있는 대로 그건 무의미한 토론이었다. 그들은 일어서면
서 내게 최종적인 제안을 했다.

"기억하시오, 빌퀴스. 당신이 문제를 일으킨다면 당신 친구
들이나 가족 중에 누구도 당신을 도울 수 없을 거요. 가장 가까
운 사람들도 당신에게서 등을 돌릴 겁니다." 나는 감사하다는
뜻으로 머리를 숙였다. 그들이 무엇을 의미하는지는 이해가 가
고도 남았다. 마무드가 이 모든 말들을 듣게 한 것을 후회하였
다. 차라리 정원으로 내보내 나가 놀도록 하는 편이 훨씬 나았
을 텐데 ······. 그는 내 옆의 작은 의자에 얌전히 앉아 있었
다. 마무드는 나를 바라보며 씨익 웃었다. 마치 "엄마, 잘하셨
어요." 하고 응원이라도 하듯이.

사람들이 떠날 채비를 차리는 모습을 지켜보는 것은 슬픈 장
면이다. 어머니와 가까우셨던 한 친구분은 내게 키스하면서 "애
야, 잘 있거라."라는 말만 자꾸 반복했다. 그리고 울음을 터트
리며 뿌리치듯이 떠나버렸다.

그들이 떠난 후 집은 마치 무덤처럼 느껴졌다. 보통 때 마무
드가 돌아다니며 냈던 소음조차 들리지 않았다. 사방은 조용하
기만 했고 집안엔 하인들이 소근대는 소리뿐, 정적에 싸인 채 3
주가 흘러갔다. 미첼 그리고 오울드 씨 부부와 만나는 정기적인

주일 저녁 모임이 없었더라면, 나는 그러한 압박감을 감당해 내지 못했을 것이다.

시간이 지나갈수록 가족들의 적대감은 심화되었다. 바자에서 만난 한 사촌은 내게 화를 내었다. 어떤 때는 경멸에 찬 조카의 시선이 온몸에 쏟아지는 것을 느끼며 라왈핀디의 거리를 지나가야 했던 적도 있었다. 쌀쌀맞게 점심 약속을 거절하는 아주머니도 있었다. 배척이 시작된 것이다. 전화는 조용해졌고 더이상 현관 벨을 누르는 사람도 없었다. 이제는 가족 중 누군가가 전화로 야유하는 일조차 없어졌다. 코란의 유명한 한 구절을 기억하지 않을 수 없었다. "만일 네가 믿음을 버린다면 너는 그 땅에 사악을 행한 것이며 혈연을 끊은 것이다. 그러한 자는 알라의 저주를 받아 귀와 눈을 잃고 내어쫓기는 것이 마땅하니라" (Sura74-20).

아주 현실적으로 내게 이런 일이 닥치고 있는 것이다. 나는 이제 혈연이 끊겼으며, 더이상 가족을 상면하거나 소식을 들을 수 없게 된 것이다. 평소에는 재잘대며 히히덕거리던 하녀들조차 내 방에 출입할 때는 말을 삼가했다. "예. 비굼사힙." 이 말이 내가 들을 수 있는 것의 전부였다. 어느날 아침, 배척의 형세가 이상하게 돌아가고 있다는 것을 발견했다. 방문이 조용하게 찰칵 열려서 돌아보았다. 눌잔이 청소하려고 화장실로 들어가는 중이었는데 그녀의 거동이 어딘가 수상했다. 언제나 쾌활한 그애답지 않게 너무나 조용했다. 또 라이샴의 발걸음은 여느 때보다 더 조심스러웠다. 일을 하면서도 말 한마디가 없었다. 그들의 거동이 신경이 쓰여 얼굴을 번갈아 살피면서 무슨 말이 있기를 기다렸으나 눌잔은 조용히 자기 일을 할 뿐이었다. 라이샴의 표정은 한층 더 엄숙해 보였다. 마침내 나는 꾹 참고 있던 울분을 터뜨리며 물었다. "그래, 뭔가 잘못된 게 분명해. 그게 뭐지?" 그때 하녀는 빗질하다가 말고 뉴스를 알려 주었다. 바로 내 앞에 서 있는 라이샴을 제외한 모든 크리스찬들이 한밤중에 달아나 버렸다는 것이다. 그들 중에는 운전사인 맨주도 포함되어 있었다.

제9장
배   척

이건 배신을 의미하는 것일까? 네 명의 하인들이 한꺼번에 도망을 치다니. 와마을 같은 곳에선 좀처럼 일자리를 구하기가 어려웠으므로 그들의 결정은 납득이 안갔다. 물론 두려움 때문이었을 것이다. 특히 맨주는 나의 부탁으로 성경을 구해 주었고 선교사의 집까지 데려다 준 사실로 두려웠을 것이다. 그리고 나머지 세 명의 크리스찬 하인들은 그러한 내막을 들었을 것이고, 그들은 언제 터질지 모르는 화산의 조짐을 느꼈으며 그 용암 가운데 잠기는 것을 원치 않했음이 뻔하다.

그러나 내 머리를 빗기고 있는 라이샴, 이 크리스찬 하녀는? 라이샴도 떠날까? 나는 그녀가 오늘 일을 처음 시작하던 순간부터 침착한 손이 떨리고 있다는 것을 알고 있었다.

"너도?" 나는 물었다. 라이샴의 입술은 머리를 빗기는 동안 재갈을 물린듯 굳게 다물어져 있었다. "저도 남을 수 없을 것

122

같습니다. 마님." 그녀는 조심스럽게 말을 이었다. "그 이유는, 사실은 ……."

"너무 외롭겠지." 내가 대신 말을 맺었다.

"예." 그녀는 감정을 억누르듯이 말했다.

"그리고 ……."

"그리고 너는 두렵겠지. 자, 라이샴. 네가 떠난다고 해서 너를 나무라지는 않겠다. 네가 옳다고 생각하는 대로 해. 내가 그런 것처럼. 그러나 네가 남겠다면 기억해 둘 것이 있다. 예수님은 우리가 주님을 위해 고난을 받게 될 거라고 하신 것을 말이야."

고개를 끄덕이는 그녀의 검은 눈에 눈물이 고였다. 그녀는 입에 물고 있던 머리핀을 내 머리에 꽂으며 애처롭게 말했다.

"저도 알아요."

라이샴은 그날 종일토록 아무 말이 없었다. 라이샴의 근심은 눌잔에게까지 영향을 주어, 눌잔 역시 말없이 신경질적으로 되어가고 있는 듯이 보였다.

다음날 아침 잠에서 깨었을 때, 작은 벨을 누르기가 주저되었다. 이제 누가 나와 함께 남아 있을까? 그런데 침실 문이 천천히 열리면서 눌잔이 들어오는 것이었다. 겨울의 이른 아침이라 아직 어스름한 속에 한 형체가 따라 들어왔다. 라이샴이었다.

나는 그녀에게 남아 있을 줄 알았다고 말하며 감사의 표시를 전했다. 라이샴은 내 머리를 빗기면서 "예, 비굼사힙 마님" 하고 부드럽게 대답했다. 그리고 애정어린 세번째 인사를 이렇게 덧붙였다. "마님은 오래 사실 거예요. 마님이 주님을 섬기는 것처럼 저도 마님을 섬기겠어요."

크리스찬 하인들이 떠난 후로 집은 한층 더 적막해졌다. 그 하인들이 있던 자리를 다른 사람으로 대치하지 않았기 때문이기도 했다. 생활은 단출해졌고 친척들도 더이상 나를 찾아오지 않았다. 한동안 크리스찬들을 고용하지 않기로 하고 화자드라는 모슬렘 운전수와 모슬렘 요리사를 고용했을 뿐, 다른 자리는 메꾸지 않은 채 지냈다. 마무드가 아직도 정원이며 집안에서 행복하게 뛰어 노는 모습을 볼 수 있는 것은 특별한 기쁨이었다. 나는 마무드가 마을에 사는 친구들을 초대하도록 했다. 마무드는 아직 다섯 살이었고 그의 친구들은 다섯 살이거나 여섯 살 정도 되어 보였다. 마무드는 어렸지만 언제나 리더 역할을 맡았다. 그가 타고난 지도력을 행사하는 것은 단순하게 지나칠 일이 아니었다. 그것은 700여 년 동안 유산으로 내려온 지도자 정신이 아이에게 유전되어 있음을 반영하는 것이며, 그의 총명한 갈색 눈은 그것을 증명이라도 하듯이 늘 반짝거렸다.

그런데 내 자신은 이러한 유산을 얼마나 큰 위험 속으로 밀어넣고 있는가? 그 아이가 당당히 차지할 수 있는 혈연의 특권을 위협하고 있는 것이 아닌가. 언젠가 마무드는 그의 사촌 카림이 낚시하러 언제 가느냐고 다시 물어왔다. 카림이 마무드에게 송어 잡는 비결을 가르쳐 주기로 약속한 모양이다. 카림은 송어를 잡아서 타마르 강줄기로 흐르는 우리 정원의 개울에 놓아 이끼 낀 돌 사이로 헤엄치며 노는 것을 구경할 작정이었다. "엄마!" 마무드가 불렀다. "카림이 언제 또 오지요?" 그 아이의 빛나는 눈동자를 내려다보았다. 그러나 차마, 이젠 낚시축제 같은 일은 없을 거라는 말을 입 밖에 내기가 어려웠다. 아직까지는 그애가 신앙에 그리 관심이 있는 것 같아 보이지 않았다. 나는 그애가 좋아하는 몇 가지 성경 이야기를 읽어 주느라고 그의 취침 시간을 8시에서 7시 30분으로 조정했다. 그러나 마무드에 게 있어서 몇 가지 성경 이야기들은 친구들이나 낚시보다 더 중요하진 못했다. 마무드의 친구들의 발걸음조차 뜸해지기 시작한 것이다. 마무드는 이것을 이해할 수 없었다. 아이는 당황하며 물었다.

"엄마는 누굴 더 사랑해요? 나예요? 예수님이에요?"

외로워하는 아이에게 어떻게 말해 주어야 좋을지 막막했다.

"하나님이 첫번째여야 한단다, 마무드." 나는 누구든지 주님 보다 가족을 더 사랑하는 자는 주님께 합당치 않다고 한 성경 말씀을 인용했다.

"우리는 하나님을 첫번째로 모셔야 해. 전에는 우리가 사랑 하는 사람들이 세상에서 최고였지만 말이야."

마무드는 이 말을 이해하려고 애쓰는 것 같았다. 그리고 내가 읽어 주는 성경 말씀도 귀담아 들었다. 어느날 "수고하고 무 거운 짐진 자들아 다 내게로 오라 내가 너희를 쉬게 하리라"는 구절을 그에게 읽어 준 후, 그가 낮잠자기 전에 기도하는 소리 를 들었다. 마무드는 손을 가지런히 모으고 기도했다.

"예수님, 당신을 사랑해요. 당신을 사랑합니다. 그리고 당신 을 따르기를 원해요. 하지만, …… 제발 저로 쉽게 하지는 마 세요. 나는 쉬는 것이 심심해서 싫어요." 그때 나는 아이가 혼 자 떨어져 있기를 괴로워하고 있다는 것을 알게 되었다. 이제는 친척과 친구, 하물며 그저 아는 사람 정도라도 우리 집에 오기 위해 그랜드 트렁크 로오드로 들어서는 일은 없어졌다. 전화도 걸려오는 일이 없었다. 우리는 그냥 이렇게 외톨이로 격리된 것 이다.

하루는 새벽 3시에 침대 옆의 흰색 전화가 요란하게 울렸다.

가슴이 뛰었다. 가족 중에 누가 죽지 않았다면 이 시간에 전화할 사람이 아무도 없을 텐데 말이다. 수화기를 들자 처음에는 가쁘게 내쉬는 무거운 숨소리만 들렸다. 그러더니 돌로 나를 치는 듯한 세 마디가 들려왔다.

"배교자! 배교자! 배교자!"

전화는 끊겼다. 나는 침대로 돌아와 누웠다. 누굴까? 삼촌들이 말하던 광신자들 중의 한 사람일까? 그 열성 당원들이 내게 무슨 일을 저지르려는가?

"오 주님, 주님은 제가 죽기를 각오했다는 것을 아십니다. 그러나 저는 소문난 겁쟁이입니다. 저는 고통을 견딜 힘이 없습니다. 주님은 아시죠? 저는 주사맞기 전에 바늘만 보아도 벌벌 떠는 겁쟁이입니다. 만일 고통이 다가온다면 그것을 견뎌낼 수 있도록 도와주시옵소서." 눈물이 나왔다. "저는 순교를 감당해 낼 만한 사람이 못되옵니다. 주님, 죄송합니다. 그 외에 고통이라면 무엇이든지 주님과 함께 지겠습니다."

그 다음에 도착한 것은 무기명으로 보내온 협박 편지였다.

"깨끗이 해결하자. 너에게 해당되는 말은 이것뿐이다. 배교자." 그런 후 한 통의 편지가 더 날아들었다. 그리고 얼마 지나지 않아 또 다른 편지가 왔다. 그 편지들은 모두 경고하는 내용이었다. 당신은 배교자이며 배교자가 받을 징벌을 곧 받을 것이라는 내용이었다.

1967년 초여름의 어느날 저녁, 회심한 지 6개월이 지난 후 편지 하나를 구겨서 움켜쥔 채로 정원에 서 있었다. 그 편지는 특히 더 신랄했다. 배교자보다 더 심한 말인 '간교한 신앙의 유혹자'라고 했다. 그 편지에는 건강한 신체가 더 썩어들어가기 전에 태워버리는 것처럼, 진실한 신자라면 화형시켜 버려야 마땅하다고 써 있었다.

나를 화형시켜 버린다고? 이 말은 내 육체만 태워버리겠다는 소리일까? 작열하는 듯한 튜울립과 히아신스, 그리고 아실럼꽃 주위를 돌아 정원 속으로 걸어 들어갔다. 봄이 여름으로 피어나고 있었다. 정원의 나무들에는 꽃이 만발했고 배나무에서는 벌써 마지막 남은 하얀 꽃잎들이 떨어지고 있었다. 돌아서서 나의 집을 바라보았다. '아무도 내 집을 건드릴 수는 없어!' 나는 속으로 울부짖었다. '절대로 비굼을 태우도록 그냥 놔두지 않을 테다.' 그러나 마치, 내가 더이상 가문의 권세로 보호받을 수 없다는 것을 확언하듯이 한 방문객이 찾아왔다.

"아마르 장군이 오셔서 기다리고 계십니다. 비굼." 하녀가 알렸다. 심장이 마구 뛰었다. 정원 문을 통해서 내다보니 쑥색의 사령관차가 서 있었다. 아마르 장군은 내가 군에서 일하고 있을 때부터 사귄 절친한 오랜 친구였다. 세계 제2차 대전 때 함께 일했었는데 현재는 파키스탄 군부의 최고 사령관이 되어 있었다. 우리는 수년 동안 서로 친밀한 연락을 주고받았으며, 특히 남편의 내무성 장관 시절에는 군부 일 관계로 그와 더욱 가깝게 지냈었다. 그 역시 나를 비난하러 온 것일까?

곧 서둘러서 보폭을 크게 떼는 발소리를 들을 수 있었다. 그리고 군인 유니폼에 승마용 바지와 장화를 말쑥하게 빼입은 남자가 나타났다. 그는 내 손을 잡더니 앞으로 구부려 키스했다. 그가 군의 특별한 명령을 받고 온 것이 아니라는 생각이 들면서 비로소 긴장이 풀렸다.

처음에 그는 언제나 그랬던 것처럼 내게 웃음치는 눈길을 보냈다. 그리고는 곧장 본론으로 들어갔다. "사람들이 말하는 게 사실이요?"

"그래요." 내가 대답했다.

"무엇이 당신을 이렇게 만들었소?" 그는 소리쳤다. "당신은 아주 위험한 상황으로 가고 있어요. 어떤 사람들이 당신을 살해하려고 한다는 소문을 들었어요."

나는 조용히 그를 쳐다보았다.

"좋소."

그가 정원 벤취에 앉자 그의 가죽벨트에서 소리가 났다.

"내가 당신을 친형제처럼 여기는 것을 알지요?"

"그러길 바래요."

"그리고 형제로서 당신을 보호하고 싶어하는 것도?"

"그럼요."

"그렇다면 이걸 기억해 둬요. 우리집은 당신에게는 언제나 개방되어 있다는 것을." 나는 기뻤다. 이 말은 내가 들은 말 중에서 가장 친절한 말이었기 때문이었다.

"그러나 ……." 장군은 계속 말을 이었다. "당신이 알아야 할 것이 있소. 이 제안은 아주 사적인 것에 불과하다는 거요." 그는 손을 뻗혀 꽃을 잡아당기더니 향기를 맡았다. 그리고 나서 나를 돌아다보며 덧붙였다. "직무상으로는 당신을 위해 할 수 있는 일이 없어요. 빌퀴스."

"알아요." 나는 장군의 손을 잡으며 말했다. 우리는 일어서서 집 앞 테라스를 향해 천천히 거닐었다. 나는 걸으면서 그간의 일들이 쉽진 않았다고 말했다.

"그렇다면 앞으로는 더욱 쉽지 않을 거요. 빌퀴스."

그는 자신의 문제인 것처럼 말했다. 응접실에 들어서면서 하녀에게 대접할 차를 내오라고 시켰다. 그가 기묘한 웃음을 띄면서 물었다. "말해 봐요. 빌퀴스. 당신이 이러는 이유가 뭐요?"

그동안 내게 일어난 모든 일들을 설명하면서 아마르 장군이 내 얘기를 주의깊게 듣고 있다는 것을 발견하게 되었다. 얼마나 놀라운 일인가? 여기 있는 내가 알지 못하는 사이에, 소위 선교사들이나 하는 "주님을 증거하는 일"을 하고 있는 것이었다. 내가 모슬렘의 고위 관리에게 그리스도를 증거하다니. 그리고 그는 귀기울여 듣고 있지 않은가. 내가 그날 저녁 아마르 장군의 마음을 움직였는지 아닌지는 모르지만 어쨌든 그는 한 시간 반 동안 깊은 사색에 잠겨 있었다. 그는 초여름의 황혼 무렵 내 손에 입을 맞추었다.

"기억해요. 빌퀴스." 그는 쉰 목소리로 말했다. "내 도움이 필요하다면 언제든지 …… 내가 친구로서 할 수 있는 일이라면 ……."

"고마와요. 아마르."

그는 돌아서서 철컥철컥 군화 뒤축 소리를 내며 현관을 빠져나가 초저녁의 어스름한 가운데 서 있는 사령관차를 향하여 갔다. 그의 방문으로 쓸쓸한 외로움과 묘한 서글픔은 훨씬 덜해졌다.

'그를 다시 보게 될까?' 나는 속으로 생각했다.

사람들로부터 배척을 받아 협박 편지와 협박 전화를 받는 동안에 시간시간 살아가는 법을 배웠다. 그건 두려움 속에서 지내는 것이 아니었다. 오히려 정반대였다. 주님이 당신의 뜻 안에서 허락하신 일들을 기대하며 사는 것이었다. 주님의 허락 없이는 어떠한 일도 일어날 수 없다는 것을 믿었다. 그리고 나를 압박해 오는 압력은 시간이 흐를수록 더욱더 강해지리라는 것도 알았다. 만일 무슨 일이 생기더라도 그것은 주님의 손안에서 일어난 일이므로, 그것이 불행으로 보일지라도 그 가운데서 하나님의 임재하심을 누릴 수 있는 법을 배워야 했다. 나는 주님과 시간시간을 보내리라. 그렇다. 그것이 열쇠였다. 언제 어디서 무슨 일이 일어나든지, 나는 단지 주님과 친밀하게 걷는 법을 배우며 그분의 영광 가운데 있기만 하면 되는 것이다.

가족들의 압력이 심해져 갈수록, 압살롬을 피해 도망가면서 이렇게 노래한 다윗의 마음을 이해할 수 있을 것 같았다.

"여호와여 주는 나의 방패시요 나의 영광이시요 ……"(시3: 3).

다윗은 하늘에서 내리는 행복, 기쁨 그리고 말할 수 없는 축복을 안 사람이었다.

가족들은 여전히 나를 격리해 둔 채 조여오고 있었다. 누구 한 사람 전화를 해서 욕설을 피붓는 일도 없어졌다. 어쩌다가 시장에서 마주쳐도 냉소를 받았고 가족들간의 큰 잔치, 생일이나 장례 그리고 결혼 같은 행사에서도 제외되었다.

나는 자신을 고독에 방치하기 시작했고 영광에 대한 감동도 차츰 식어져 갔다. 그러나 그럴 때마다 의지적으로, 예수님도 배척을 받으셨다는 사실을 기억하며 내 마음을 주께로 향하게 했다.

그런 중에 놀랍게도 주님의 도우심을 발견하게 되었다. 나는 사람들과의 교제를 간절히 원하고 있었다. 너무 오랫동안 혼자 격리되어 있었으므로 그런 교제가 그리웠다. 오울드 씨와 미첼 씨 부부도 더이상 찾아오지 않았다. 그들의 안전을 위해 오지 말라고 내가 충고했기 때문이었다.

어느 흐린 날 오후, 침실에서 성경을 읽고 있었다. 초여름답지 않게 스산하고 쌀쌀했다. 바람이 유리창에 부딪혀 덜커덩거리는 소리를 냈다. 그런데, 성경을 읽기 시작하는데 갑자기 손이 따뜻해졌다. 손을 내려다보았더니 한줄기 햇살이 내 팔을 비추고 있었다. 곧 창 밖을 내다보자 태양은 다시 구름 사이로 사라졌다. 아주 잠깐이었지만, 그것은 주님이 나를 내려다보시며, 나를 위로하시려고 내 손을 어루만져 주신 것임이 확실했다.

나는 고개를 들고 기도했다. "오, 나의 주님. 저는 너무나 외롭습니다. 너무 오랫동안 말을 안해서 얼굴 근육이 굳어져 가는 것 같습니다. 제발 오늘은 누구든지 저와 이야기할 상대를 보내 주세요."

어린아이의 간구 같이 유치하게 느껴지긴 했지만 나는 다시 성경을 읽어 내려갔다. 어쨌든 주님은 나의 친구였고, 내 마음을 토로할 상대는 그분뿐이었다. 그런데 잠시 후, 항상 그랬던 것처럼 조용해야 할 집안에서 인기척이 났다. 그리고 아래층에서 말소리가 들려왔다.

나는 이불을 박차고 침실 문 밖으로 나가서 내 방으로 뛰어 올라오는 눌잔과 마주쳤다. "오, 비굼사힙." 그녀는 숨을 몰아쉬며 비명을 지르듯이 말했다.

"오울드 씨 부부가 오셨어요."

'하나님을 찬양합니다!' 나는 속으로 이렇게 외치면서 서둘러 그들을 만나러 내려갔다. 물론 며칠 전 주일 예배를 드리러 그들 집에 갔었다. 그러나 주중에 만날 수 있다는 것은 특별한 기쁨이었다. 마리가 달려와서 내 손을 덥썩 잡았다.

"당신이 보고 싶었어요. 빌퀴스." 그녀는 파란 눈을 반짝이며 말했다. "우리는 당신을 사랑하고 있으니까요."

얼마나 놀라운 방문인가. 대화를 나누는 동안, 내가 그동안 사람들이 찾아오지 못하도록 한 것은 잘못이라는 것을 깨달았다. 자존심이 그러한 필요를 인정하지 않았던 것이다. 그러면서 갑자기 한 가지 생각이 떠올랐다. 주일 모임을 바로 여기서 가지면 되지 않는가 하는 것이었다. 하지만 그건 불구덩이에 화약을 던지는 격이 아닐까 하는 생각이 엄습해 다시 떨쳐버리려 했으나, 그들이 집을 떠나려 할 때 비로소 결심이 생겨 재빨리 그 말을 꺼냈다.

"이번 주일 저녁 이리로 오시는 게 어때요?"

오울드 부부는 놀랍다는 듯이 쳐다봤다.

"그건, 저 …… 진심이에요." 나는 손을 옆으로 펼치면서 말했다.

"이 오래된 집에는 생기가 필요하거든요."

그래서 그렇게 하기로 결정했다. 그날 밤 잠자리에 들면서 주님이 얼마나 놀랍게 우리의 필요를 채워 주시는지에 대해 생각했다. 가족과 친구들이 내 곁을 떠나자, 주님은 주님의 가족과 친구들을 대신 보내 주신 것이다. 그날은 평온하게 잠이 들어서 따뜻한 햇살이 눈부시게 비취는 가운데 잠을 깼다. 나는 일어나서 창문을 열고 방안으로 불어오는 부드러운 산들바람에 흠뻑 취해 있었다. 따뜻한 산들바람에 실려 들어오는 흙내음에서 여름이 무르익어감을 느낄 수 있었다.

주일 저녁까지 참고 기다리기란 참으로 어려웠다. 토요일 저녁에는 이미 집안이 꽃으로 가득 채워졌다. 또 집의 모든 바닥과 창문은 반짝거릴 때까지 닦여졌다. 라이샴에게 우리 모임에 참석하라고 말하자 몹시 당황한 표정을 지었다. 아직 그런 대담한 행동을 할만큼 준비되어 있지 않은 것 같아서 강요하지는 않았다.

드디어 주일이 되었다. 나는 마무드를 데리고 응접실로 가서 페르시아 카펫을 바르게 정돈하고 꽃들을 가지런하게 다시 꽂고는 미세한 흙먼지 가루가 떨어진 것이 보여 쓸어냈다. 마침내 대문이 열리고 차 들어오는 소리가 들렸다.

그날 저녁에는 내가 그렇게도 원했던 모든 것들이 거기 있었다. 찬양과 기도, 주님이 행하신 일에 대한 나눔, 그리고 사랑. 우리 12명의 사람들은(마무드까지 합쳐서), 응접실에 편하게 둘러앉았다. 나는 천 명의 다른 손님들도 역시 환영한다고 말했다. 보이진 않지만, 그날 저녁은 역시 내가 예견하지 못했던 또 다른 특별한 목적이 있었다. 크리스찬 친구들은 여전히 나에 대하여 무척 걱정을 하고 있었던 것이다.

"특별한 주의를 하고 계시죠?" 마리가 말했다.

"그럼요."

나는 웃으면서 "더이상 할 수 없을 만큼이요. 아마 누군가 나를 해치우려면 사전에 치밀한 계획부터 세워야 할 거예요"라고 말했다.

켄은 응접실 주위와 정원으로 난 커다란 유리 문들을 둘러보고 있었다.

"여기는 정말 안전하지 못하군요." 그가 말했다. "여기 와보기 전까지는 당신이 이렇게 위험한 상태로 노출되어 있다는 걸 몰랐어요."

"당신 침실은 어떻습니까?" 신노브가 물었다. 모두들 내 방을 살펴보아야겠다고 해서 위층으로 사람들을 안내했다. 켄은 정원을 내다보면서 특별히 창문을 염려했다. 창문은 우아하게 세공된 것이긴 하지만 유리관에 지나지 않는다는 것이었다. 그는 고개를 저으면서 말했다. "정말 안전하지 못해요. 당신도 알다시피 …… 빌퀴스, 철 같은 것으로 된 안전 장치를 해야 돼요. 어린애라도 이런 유리창은 쉽게 통과할 수 있겠어요."

나는 곧 창문을 손보겠다고 말했다. 그러나 단순한 내 상상이었을까? 내가 그렇게 약속하는 순간, 왠지 하나님이 그 일은 기뻐하시지 않을 것이라는 생각이 들었다.

우리는 서로 인사를 하고 헤어졌다. 그날은 다른 어느 때보다도 행복감을 느끼며 잠자리에 들 수 있었다. 그러나 다음날, 마을에 있는 철공을 부르러 사람을 보내려 하자 다시 하나님의 영광으로부터 멀어지는 느낌이 들었다. "왜죠? 두려움 때문에 취하는 행동이기 때문입니까?" 모든 시간이 내가 철공을 부르려는 순간에 멈춘 것 같았다.

비로소 나는 그 이유를 이렇게 깨달았다. 내가 철장을 치려한다는 소문이 퍼져 나갈 것이다. 그러면 사람들은 내가 두려워하고 있다고 생각할 것이다. 나를 조롱하는 소리가 들리는 것 같았다. "하! 도대체 기독교란 어떤 종교길래, 너는 크리스찬이 되자 그렇게 겁쟁이가 되었냐?" "안돼." 나는 결정했다. 철창을 치지 않기로 말이다. 그날 밤 침대로 가면서 내가 옳은 결정을 내렸다고 확신했고 눕자마자 깊은 잠 속으로 빠져 들어갔다. 그런데 갑자기 무슨 소리에 잠이 깨어 앉아서 주의를 기울였다. 물론 두렵지는 않았다. 하지만 눈앞에 깜짝 놀랄만한 광경이 벌어졌다. 내 방 벽을 통해 우리집 정원이 모두 보이는 것이었다. 천상의 빛이 방으로 비추어지고 있었다. 장미 꽃잎, 온갖 나뭇잎, 풀 잎사귀, 그리고 각종 가시나무까지 다 보였다. 곧 마음속에 아버지의 음성이 들렸다. "너는 옳은 일을 하였다. 빌퀴스, 내가 너와 함께 있다." 서서히 그 빛이 사라지면서 방은 다시 어두워졌다. 나는 내 옆에 있는 램프의 스위치를 켰다. 그리고 팔을 들어 하나님을 찬양하기 시작했다.

"오 아버지, 어떻게 다 감사할 수 있겠습니까? 주님은 우리

각 사람에게 대해 각별한 보호하심을 내려 주시는군요!"

다음날 아침, 모두 하인들을 불러다 놓고 이제부터 내 곁을 떠나가고 싶은 사람은 고향집으로 돌아가도 좋다는 말을 했다. 마무드와 나만 이 큰 집에서 살게 된다고 하더라도 두렵지 않으리라. 하인들은 눈치를 보며 놀라는 사람도 있었고, 기뻐하는 사람이 있는가 하면 한두 명은 불안해 했다. 그러나, 나는 마침내 한 가지 일을 해냈음을 알았다. 그것은 스스로 보호하려는 생각을 끝내기로 작정한 것이다. 그리고 그 결정과 함께, 나는 다른 여느 때보다도 오랫동안 주의 영광의 빛 가운데 머물 수 있었다. 아마도 이것은 다음에 있을 사건을 위해 꼭 필요한 결단이 되었던 것 같다.

어느날 아침, 라이샴이 머리를 빗겨주면서 일상적인 어조로 말했다.

"마님, 숙모님의 아들 카람이 죽었다는군요."

너무 놀라 벌떡 일어나서 믿을 수 없다는 듯이 그녀를 쳐다보았다.

"아냐!" 나는 숨이 막혔다. "카람이 아닐 거야. 우리 마무드와 낚시를 간다고 했던 그 카람이 아닐 거야." 그는 내가 아끼고 사랑하는 사람 중의 한 사람이었다. 그런데, 어떻게 그런 일이 있을 수 있단 말인가? 왜 나는 카람이 죽었다는 중요한 소식마저 하녀를 통해 들어야 한단 말인가? 가까스로 감정을 억제하며 의자에 앉았다. 라이샴은 계속 내 머리를 손질하고 있었다. 그러나 가슴이 쿵쾅거렸다. 이건 소문에 지나지 않을지 모른다고 생각했다. 라이샴이 이름을 잘못 알았는지도 모른다. 가슴이 갑갑해져 왔다. 나는 사실을 알아봐 달라고 나이 든 하녀에게 부탁했다. 그녀는 마을로 간 후 한 시간이 지나서야 돌아왔다. 고개를 숙인 채 —.

"죄송합니다. 비굼사힙." 그녀가 말했다.

"사실이었습니다. 그는 어제 심장마비로 죽었습니다. 그리고 오늘이 장례라고 하더군요."

무슨 일이든 알아내는 데 재주가 있는 이 하녀는 뼈저리게 가슴 아픈 소식을 가져왔다. 숙모님은 내가 그녀의 아들을 얼마나 사랑하는지 잘 아셨기 때문에 가족들에게 특별히 부탁했다고 한다. "빌퀴스에게 꼭 알려 주세요. 내 아들이 죽었다고."

그러나 아무도 알려 주지 않은 것이다.

나는 그 일을 생각하면서 창가에 앉아 있었다. 지난 여섯 달 동안 가족들의 모임에 소외되어 왔었지만, 이번처럼 마음이 아픈 적은 없었다. 나는 천천히 의자를 흔들면서 주님의 도우심을 간구했다. 언제나 그랬던 것처럼 주님의 도우심이 있었다. 마치 따뜻한 숄을 부드럽게 내 어깨에 감싸고 있는 것 같았다. 그 순간 어떤 아이디어가 떠올랐는데, 너무나 대담한 그 생각도 분명 주님께로부터 온 것임에 틀림없다는 생각이 들었다.

제 10 장
영광 가운데 사는 법

정원을 내다보면서, 카림과 내가 어린아이처럼 정원에서 뛰놀던 날들을 회상하고 있었다. 우거진 나무들 위로 강한 몬순바람이 인디아쪽에서 불어왔다. 그 바람 속에서 나는 놀라운 메시지를 들은 것 같았다. 내가 정말 정확히 듣고 있는 것일까?

"너는 진실로 나를 주님으로 모시고 사느냐?" 주님의 음성이 바람을 따라 들려왔다. 나는 웃으면서 말했다. "주님은 제가 카림의 장례식에 가기를 원하실 리 없습니다. 그것은 말도 안되는 이야기입니다. 그건 어리석은 일이에요. 내가 나타나면 슬픔에 젖은 사람들의 마음만 더 상하게 할 뿐입니다."

내가 여러 가지 이유를 들어 반박하자 하나님의 임재하심에서 멀어지는 것 같은 기분이 들었다. 나는 당황했다. 그렇다면 내가 정말 이 일을 해야 한단 말인가? 나를 원수처럼 여기고 적대시하는 사람들을 직접 찾아가서 ……?

결국 나는 숨을 깊게 들이마시며 창가에서 일어섰다. 그리고 양어깨를 으쓱하면서 중얼거렸다. "저는 이제 배우기 시작했습니다. 주님, 옳은 일에 대한 저의 판단력은 주님의 판단에 비하면 아무 것도 아닙니다."

그제서야 주님이 원하시는 결정을 했다는 것을 알았다. 놀라운 일들을 연속적으로 경험하는 동안에 나는 주님의 빛 가운데 걸을 수도 있었고, 어떤 때는 그분의 영광에서 멀어질 때도 있다는 것을 깨달았다. 비로소 그것을 이해할 수 있을 것 같았다. 주님의 빛 안에 거하는 시간을 어떻게 계속 연장시켜 갈 수 있을까? 나는 그다음 두 달 동안 겪게 된 일련의 경험들을 통해 이 배움의 과정을 한 단계 더 올라서서 익히게 될 줄은, 그 당시 미처 생각지도 못했었다.

나는 카림의 집 앞 좁은 자갈길에서 망설이며 서 있었다. 주님께 순종하겠다고 약속은 했지만, 내 모습은 마치 천 마리의 코브라가 우글거리는 곳에 홀로 던져진 애처로운 비둘기처럼 느껴졌다. 숨을 깊게 들이마시고 주위의 다른 집과 유사하게 지어진 그 돌집을 향해 들어갔다. 그리고 뜰 안으로 들어서면서 베란다쪽으로 걸어갔다. 그러자 뜰 안에서 조용히 둘러앉아 있던 마을 사람들의 시선이 모두 나를 향했다. 그 집은 고전 양식으로 지어져 천정은 조각되어 있었으며, 벽은 회칠이 되어 있었다. 예전에 바로 이 집에서 카림과 함께 웃고 떠들면서 뛰어다니던 시절이 떠올랐다.

그 웃음소리가 이젠 없었다. 가족들의 애곡이 절정에 달했던 때인지라 집안으로 들어서는 나를 일시에 쳐다보는 사람들의 시선은 더욱 싸늘했다. 한때 나와 무척 가까웠던 사촌을 바라보았다. 잠깐동안 서로 눈이 마주쳤으나, 사촌은 곧 고개를 돌려 옆에 있는 사람과 말하기 시작했다.

　어깨를 펴고 당당하게 거실로 들어갔다. 거실 바닥에는 깔개와 쿠션이 나란히 놓여 있었다. 나는 두꺼운 면 매트리스 위에 앉아 사리를 펴서 다리 위에 걸쳤다. 갑자기 사람들이 내 존재를 의식하는 것 같았다. 그 방을 흐르던 조용한 위로의 대화가 갑자기 멈춰졌다. 묵주를 돌리며 기도하던 여인들도 동작을 멈추고 날 쳐다보았다. 초여름 더위에다 많은 사람이 끼어 앉아서 후덥지근하던 방안이 순간 서늘하게 식어진 것 같았다.

　나는 아무에게도 말을 붙이지 않고 조용히 눈을 감은 채 기도했다.

　"주 예수님, 제가 카림의 죽음으로 슬퍼하는 친구들과 친척들에게 주님을 증거하게 될 때에 저와 함께 하여 주시옵소서."
15분쯤 지나자 조용히 대화가 다시 흐르기 시작했다. 카림의 아내를 만날 차례가 되었다. 나는 매트리스에서 일어나 머리를 꼿꼿이 들고 안으로 들어갔다. 카림의 시신은 크고 깊은 관 속에 누워 있었다. 그 관은 모슬렘 신앙에 따라, 죽은 자가 천국에 들어가기 전 천사의 질문을 받을 때 죽은 사람이 일어날 수 있도록 짜여진 것이었다. 나는 카림의 아내 앞으로 가서 조의를 표하고, 하얀 면수의로 덮여 있는 사랑하는 사촌의 조용한 얼굴을 바라보면서 주님께 조그만 소리로 기도했다.

　"아, 그가 죽기 전에 만날 수 있었더라면 얼마나 좋았을까?"

　가족들이 카림을 위해 기도하는 동안 집안에는 애조띤 노랫가락이 낮게 울려 퍼졌다. 여인들은 일어나서 코란 구절을 읊었다. 그 구절들은 모두 내 귀에 익은 것들로 삶과 죽음에 관한 시구들이었다. 나는 그 운율에 등을 돌리고 서 있었다. 해가 지기 전에 전가족이 매장지를 향하여 관을 따라가는 장례 행렬이

있었고, 매장지에 도착하여 관을 메고 왔던 사람들이 관을 내려
놓았을 때 사제는 큰소리로 외쳤다. "하나님만이 가장 위대하십
니다. 주님이시여. 여기 당신의 종, 당신 종인 아들이 있습니
다. 그는 항상 고백했습니다. 주 외에는 다른 신이 없으며 마호
메트는 당신의 종, 당신의 예언자라고 ……."

　나는 서서 조용한 장송곡을 들으며 관 앞에 무릎꿇고 있는
카림의 어머니를 보았다. 그녀는 너무나 외로워 보였다. 순간
그녀 옆으로 가야겠다는 느낌이 들었다. '내가 감히 어떻게? 혹
시 무례한 행동이 되지는 않을까? 예수님에 대해 말을 꺼내야
할까? 아니야, 그건 지혜롭지 않아. 그냥 그녀를 위로하는 것만
으로도 내 안에 살아 계신 예수님을 충분히 나타내는 일이 될
거야.'

　카림의 모친 옆으로 다가서서 그녀를 팔로 감싸 안으며 애조
띤 목소리로 나지막이 위로했다.

　"카림과 나는 아주 가까웠어요. 하나님이 당신을 축복하시고
위로해 주시길 빌어요."

　카림의 어머니가 나를 돌아다보았다. 눈물이 가득 찬 그녀의
검은 눈은 내게 감사하고 있었다. 나는 주님이 그녀의 비탄에
젖은 마음을 어루만져 주시고 계심을 알았다.

　카림의 어머니는 그 방안에서 내가 하는 행동을 받아들인 유
일한 사람이었다. 그녀를 떠나 조문객들 사이로 돌아오자 한 남
자 사촌이 — 그도 나와 가까운 사이였다 — 발을 들어올리는
시늉을 하더니 곧장 방에서 나갔다. 그러자 다른 사촌도 똑같은
행동을 취하고 따라 나갔다. 곧이어 또 다른 사촌도 그런 식으
로 나갔다.

　내 마음속 한쪽에선 카림과 그의 가족에 대한 연민이, 그리

고 다른 편에서는 사람들로 인한 깊은 당혹감으로 말미암아 이들 사이에서 심한 갈등이 일어났다. 심장이 뛰었다. 사람들의 적의는 자신을 보호하려는 나의 본능을 꿰뚫고도 남음이 있었다. 그 순간 내가 할 수 있었던 일이란 오로지, 적당히 앉아 있다가 인사를 하고 그 방을 나오는 것 뿐이었다. 내가 일어나자 모든 시선이 집중되었다.

나는 운전석에 앉아서 마음을 가다듬었다. 그리고 순종했다. 그러나 그 대가는 비쌌다. 그것은 벌어진 분노의 목구멍으로 걸어 들어가는 것과 마찬가지였다.

이 험난한 골짜기를 지나가는 것으로 끝났다는 생각은 어림없는 오산이었다. 몇 주가 지났다. 한여름의 더위가 우리 지역으로 이동해 오면서 또 다른 사촌이 죽었다. 나는 이번에도 그 소식을 하녀에게서 들었고 주님의 명령에 또다시 복종하여 살벌하고도 혐오로 가득 찬, 조문객들이 메운 방안에 의지적으로 발걸음을 내딛어야 했다. 내 자신에 대한 걱정 대신 사랑하는 남편을 잃은 사촌의 미망인에게 관심을 가지려고 했다. 그녀에게는 마무드 또래의 아이가 있었다. 관 가까이에 서 있는 미망인의 모습은 모든 희망을 잃어버린 듯 보였다. 그런 그녀의 모습은 보기에도 민망하여 내 눈에서도 눈물이 흘렀다.

카림의 장례에서 그랬던 것처럼, 나는 그 여인을 향해 걸어갔다. 내가 가까이 다가가 서로 눈이 마주쳤을 때 그녀의 눈물로 얼룩진 얼굴에는 주저하는 빛이 역력했는데, 그때 갑자기 그녀의 가족들의 의지와는 반대되는 쪽으로 내 행동이 결정을 내린 것 같았다. 나는 그녀의 떨리는 손을 잡고 소리없이 울었다. 우리는 두어 마디의 대화를 나누었다. 그리고 마음속으로 뜨겁게 기도했다. 비록 모슬렘 여인이기는 하지만 절망 가운데 있는 그녀의 마음을 성령께서 어루만져 주시고 주님의 약속을 지켜 주시기를 바라면서 ……. "애통하는 자는 복이 있나니."

"감사해요, 빌퀴스. 감사해요." 미망인은 마침내 손을 놓으면서 속삭이듯이 말했다. 나는 그녀를 포옹해 주고 그 자리를 떠났다.

두 번의 장례가 잇따라 일어난 것은 참 이상한 일이었다. 우리의 가족 규모가 대가족이라 해도 이런 일은 거의 없었다. 두 경우 다 주님의 뜻을 따라, 안전한 곳을 떠나 내가 필요한 곳에 가서 분명하고도 확실하게 증거했다. 여러 말을 하지는 않았으나 내가 그들을 사랑하고 염려해 주고 있다는 것을 보여주었다.

그리고 신실한 주님은 어느 상황에서나 나와 함께 하셨다. 주님은 이 장례식이란 교실에서 많은 것을 가르쳐 주셨다.

나는 이 장례 중에, 주님의 임재 가운데 거하기 위해 꼭 배워야 할 두번째 놀라운 비밀을 발견했다. 모슬렘에게는 시신이 매장되기까지 요리도 하지 않을 뿐더러 먹지도 않는 관습이 있다. 이것은 하루 정도의 금식으로 사실은 그렇게 어려운 일도 아니었다. 그날, 사람들이 북적거리는 방에 혼자 떨어져 앉아 있다가 갑자기 오후에 늘 마시던 차를 마시고 싶은 생각이 들었다. 차를 마시지 않고는 아무 것도 할 수 없을 것만 같았다. 결국 마시고 싶은 욕망을 억제하지 못하고 일어서면서, 그 자리에서 용서를 구했다.

나는 손을 씻어야 한다는 핑계를 대고 그 집을 빠져나와 작은 카페로 들어갔던 것이다. 거기서 내가 좋아하는 쟈스민차를 마시고는 문상객들이 있는 곳으로 다시 되돌아왔다.

그런데 갑자기 뭔가 공허한 느낌이 들었다. 마치 친구가 떠나버린 것 같은 그런 느낌이었다. 물론 나는 그것이 무엇을 의미하는지 잘 알고 있었다. 나는 위로의 성령이 인도하시는 길에서 멀어져 있었다.

"주님, 제가 무슨 잘못을 저질렀죠?" 나는 마음속으로 물었다. 그리고는 곧 깨닫게 되었다. 나는 거짓말하는 자신을 내버려 둔 것이다.

"하지만 그건 선의의 거짓말이었어요. 주님!" 그러나 여전히 성령의 위로하심은 없었다. 허전함만 더할 뿐이었다. "그렇지만, 아버지." 나는 더욱 괴로워하면서 말씀드렸다. "저는 이제 모슬렘들의 장례식 의례를 따를 필요도 없을 뿐더러 …… 차가 마시고 싶어서 견딜 수가 없었어요. 그리고 그들에게 차와 케이크를 먹으러 나갔었다는 고백은 차마 할 수가 없었습니다. 그들의 감정만 상하게 만들고 말 거예요." 하지만 아무 반응도 없었다.

"좋아요, 아버지. 알겠어요. 거짓말 한 것은 잘못입니다. 저는 사람들의 인정을 구했지만, 이제 주님의 인정만으로도 살 수 있음을 알았습니다. 진심으로 죄송합니다. 주님, 주님의 마음을 상하게 해드렸습니다. 주님이 도와주신다면 다시는 그러지 않겠습니다." 이렇게 고백을 하자 다시 평안함이 내 안에 넘쳐 흘렀다. 마치 가뭄으로 바싹 말라버렸던 호수에 비가 쏟아져 내리는 기분이었다. 나는 비로소 한숨을 돌리고, 주님이 가까이 와 계심을 느꼈다. 이 일은, 내가 어떻게 하나님의 임재하심 안으로 다시 돌아올 수 있게 됐는지를 배우게 된 계기가 되었다. 주님의 친밀함을 느낄 수 없을 때가 곧 주님을 슬프게 해드린 경우임을 알게 된 것이다. 그럴 때면 기억을 되살려, 마지막으로 주님의 빛의 길에서 이탈한 것이 언제였는지를 살펴보았다. 길을 잘못 들어서기 시작한 때를 발견할 때까지 모든 행동과 모든 말, 그리고 모든 생각을 돌이켜보았다. 그리고는 즉시 죄를 고백하고, 용서를 구하는 법을 배웠다. 즉시로 죄를 고백하고 돌이키는 훈련을 통해, 회개에 대한 아름다운 비밀을 발견하게 되었다. 그것은 눈물을 짜면서 후회하고, 또 앞으로는 주님의 도우심으로 다시는 그런 죄를 짓지 않겠다고 맹세하는 것과는 차원이 달랐다. 오히려 나의 연약함을 철저히 깨달았을 때 그분의 능력을 온전히 의지할 수 있었다.

그리고 악의가 전혀 없는 하얀 거짓말이란 있을 수 없다는 것을 발견한 것도 이때였다. 거짓은 거짓일 뿐 아니라 거짓의 아비인 사탄에게 속한 일이었다. 사탄은 항상 '악의가 없는' 선한 거짓말이라고 속이면서, 남을 속이는 나쁜 습관으로 끌어들이려고 한다. 그리고 한번 저지른 거짓은 보다 큰 거짓으로 유혹한다. 사탄은 선의의 거짓말은 다른 사람들에 대한 '배려'라고 속삭인다. 이 꼬임에 넘어가면 우리는 진리이신 예수가 아닌 세상에 굴복하게 되고 마는 것이다.

장례식에서 이 교훈을 배운 후에는 삶 가운데 모든 거짓을 뿌리 뽑으려는 새로운 생활이 시작되었다. 그날부터 매순간 악의 없는 거짓말을 허용하려는 자신을 철저히 경계했다. 어느날인가는 친한 선교사 한 분이 모임에 참석하라고 찾아왔었다. 나는 그 모임에 가고 싶지 않았으므로 다른 약속이 있다는 핑계를 댈 작정이었다. 그때 마음속에서 경고의 신호가 울렸다. 다시 한번 생각했다. 다른 사람의 마음을 상하게 하지 않고도 솔직하고 간단히 말할 방법이 떠올랐다. "죄송합니다만, 저는 오늘 모임에 갈 수가 없습니다."

또 한번은 런던에 있는 친구에게 편지를 쓰고 있었는데 거의 자동적으로, 그동안 집을 떠나 있었기 때문에 답장을 쓸 수 없었다고 쓰려다가 펜을 멈췄다.

'집을 떠나 있었다고? 나는 계속 여기에 있었는데 ……?'

나는 쓰던 편지를 구겨서 휴지통에 넣고는 다시 써내려가기 시작했다.

"친애하는 친구에게 — 당신의 고마운 편지에 곧바로 답장하지 않은 것을 용서해 주시기 바랍니다 ……."

이러한 일들은 생활 가운데 사소한 일이었다. 그러나 그 사소한 일을 거짓으로 넘겨버리면 아주 쉽게, 그보다 더 큰 거짓의 덩어리가 굴러와 유혹하므로 처음부터 정직하게 답하는 법을 배웠다. 거짓말을 궁리하느라고 많은 시간들을 보냈던 생활 태도를 고치자 사는 것이 훨씬 더 수월해졌다.

아주 천천히 진행된 일이지만, 그리스도를 나의 변함없는 동반자로 모시고 살려는 의지가 내 생활 가운데 뚜렷이 나타나기 시작했다. 물론 쉽지는 않았다. 나는 너무나 자주 옛 습관으로 돌아가려는 자신을 여러 번 돌이켜야 했다. 계속 노력했다.

그러던 중에 아주 실제적인 약속을 발견하게 되었다.

"너희는 먼저 그의 나라와 그 의를 구하라 그리하면 이 모든 것을 너희에게 더하시리라"(마6:33).

따라서, 내가 하나님을 최우선으로 모신다면 나에게 절실히 필요한 부분들을 채워 주실 것이다.

어느날 오후, 라이샴이 당황한 얼굴로 내 방에 들어와 말했다.

"어떤 숙녀분이 응접실에서 기다리고 계십니다."

"누군데?"

"저, 비굼사힙 …… 제가 잘못 안 것이 아니라면 카림의 어머니이십니다."

'라이샴이 잘못 안 것임에 틀림없을 거야. 카림의 어머니가 여기 오실 리가 없다. 도대체 누가 와 있을까.' 나는 궁금해 하며 아래층으로 내려갔다. 응접실로 들어서자 틀림없는 죽은 사촌의 어머니가 거기 서 있었다. 발소리가 나자 나를 돌아보더니, 팔을 내 어깨에 두르면서 말했다. "빌퀴스." 그녀의 눈에 눈물이 고여 있었다.

"너에게 개인적으로 꼭 감사할 말이 있어서 왔어. 장례 때 사람들이 많아 처음에는 너를 보지 못했단다. 네가 나에게 얼마나 큰 위로를 줬는지 모를 거야. 그건 …… 잘 모르겠지만 아주 색다른 것이었지. 따뜻하면서도 특별했어."

그제서야 비로소, 주님이 절망 가운데 있는 그녀에게 직접적으로 당신을 증거하기를 허락하시지 않은 이유를 알았다. 그때의 상황으로는 그녀가 나보다 우월한 위치에 있었기 때문이었다. 그러나 지금은 상황이 전혀 달랐다. 응접실에서 난 친절하면서도 부드럽게 말하기 시작했다. 주님이 내게 어떤 분이시며 어떻게 나의 오래된 교만한 습관들을 서서히, 그러면서도 가차없이 제거하기 시작하셨고, 대신에 어떻게 주님의 그 따스한 성품으로 채워 주셨는지에 대해 이야기했다. "그건 사실이야." 카림의 어머니가 말씀하셨다.

"너야말로, 진심으로 나와 슬픔을 같이 나누길 원한 사람이었어. 그리고 진정으로 나를 염려해 줬지."

잠시 동안의 방문이긴 했지만 뜻깊은 만남이었다. 나는 두 가지 면에서 용기를 얻었다. 그 첫번째는, 다른 사람들의 관심은 변화된 내 모습에 있다는 것이었다. 그리고 두번째는, 이번 일이 가족들의 따돌림을 무너뜨릴 수 있는 계기가 될 수도 있다는 확신이었다.

그러나 그 일은 그렇게 빨리 일어나지 않았다. 여전히 걸려 오는 전화는 선교사 친구들에게서 오는 것 뿐이었다.

마무드의 생일이 얼마 남지 않은 어느날 아침이었다. 전화가 울렸다. 나는 마리일거라고 생각했다. 그런데 뜻밖에 두번째로 죽은 사촌 어머니의 다정한 목소리가 흘러 나왔다.

"빌퀴스?"

"예."

"빌퀴스, 저 …… 난 네가 우리 며느리에게 도움을 준 것이 고마워서, 이렇게 감사하고 싶어서 전화했어. 그애가 그러더구나, 네가 진심으로 위로해 줬다고."

얼마나 재미있는 일인가! 내가 한 일이란 사실 아무 것도 없었다. 모두 주님이 손수하신 역사였다. 우린 유쾌한 대화를 잠시 주고받은 뒤에 전화를 끊었다.

다시 한번 내가 주님에 관해 직접적으로 말하지 않았을 때에도, 주님이 나를 통하여 사역하신 사실에 대해 놀라지 않을 수 없었다.

그로부터 몇 주가 지난 어느 날인가, 다른 친척들이 잠시 방문한 적이 있었다. 마무드의 생일도 있고 해서, 마무드를 보러 왔다며 과자와 장난감을 선물로 들고는 예고도 없이 찾아왔다. 그러나 마무드 얘기는 표면상의 이유라는 것을 금방 알아차릴 수 있었다. 그들은 이제까지의 나에 대한 배척을 조금이라도 완화시키고자 찾아온 것이었다.

그런 방문은 으레히 부자연스럽고 짧기 마련이지만 그들은 밝은 표정을 지었고, 비로소 나를 둘러싼 벽에 금이 가는 것을 은연중 반가와하고 있었다.

예수님을 영접한 지 거의 1년이 다 되어가고 있었다. 시간이

148

란 얼마나 쏜살같이 날아가는지. 내가 주님께 헌신한 지 1년째 되는 생일이 돌아오고 있었다. 그리고 이제 처음으로 갖게 될 진정한 의미의 크리스마스를 고대하며 기다리고 있었다. 물론 유럽에서 크리스마스를 지낸 적은 있으나 내가 기다리고 있던 크리스마스는 그런 크리스마스와 전혀 달랐다. 작년에는 미첼 씨에게 말구유를 빌렸었다. 미첼 씨 부부는 크리스마스 트리로 쓸 작은 전나무도 가져왔다. 우리가 "오, 크리스마스 트리. ⋯⋯ 오, 크리스마스 트리 ⋯⋯" 하고 노래를 부르는 동안 마무드는 기쁨의 탄성을 질러댔다. 하인들은 응접실에 전나무를 세웠고 여러 개의 종이 리본으로 장식하였다. 그러나 문득 무엇인가 잘못 돌아가고 있다는 기분이 들었다. 나는 그런 축하 분위기가 너무나 즐거웠다. 반면 거기에는 크리스마스의 진정한 의미가 결여되어 있었다. 그래서 내 삶 가운데 일어난 변화를 표현함으로써 크리스마스를 축하할 수는 없을까 하고 생각하게 되었다.

그때 한 가지 아이디어가 떠올랐다. 그것은 모든 사람들 — 선교사들과 마을 주민들, 청소부들 — 을 파티에 초대하면 어떨까 하는 것이었다. 순간 나에게 신앙을 드러내지 말라고 경고했던 친척들의 목소리가 들렸다. 또 스스로 문제를 일으킬 경우에 공무상으로는 보호해 줄 수 없다던 장군의 충고도 떠올랐다. 그런 파티는 많은 이들에게 위협이 될 수도 있을 것이다. 그러나 여러 번 신중하게 기도한 후에 이 전례없는 파티를 실행하기로 작정했다.

드디어 크리스마스가 되고, 나는 와마을을 한바탕 흔들어 놓을 파티를 열었다. 주민들은 약속 시간보다 일찍 와서 응접실에 아름답게 장식되어 있는 나무 주위에 모여 앉았다. 그 다음에

선교사들이 들어왔다. 신노브가 찬양을 인도했다. 그런데 하녀
들 중의 한 명이 놀란 얼굴로 와서 라왈펀디로부터 숙모님과 사
촌들이 찾아왔다고 알리는 것이었다. 사전 연락도 없이 …….

나는 가슴이 두근거렸다. '그들이 어떤 반응을 보일까? 하지
만 걱정할 나위도 없어. 그들은 전형적인 상류층 사람들답게 행
동할테니까.' 그러나 걱정이 되었다. 응접실의 광경을 본 그들
은 처음에는 입을 딱 벌렸지만 잠시 후 조용히 다른 방으로 옮
겨가 긴장한 채 서로 떨어져 앉아 아무 말도 하지 않았다.

나는 어느 쪽도 무시하고 싶지 않았으므로 이 방에서 저 방
으로, 저 방에서 이 방으로 인사를 다니며 시간을 보냈다. 그건
꼭 뜨거운 목욕물에 들어갔다가 차가운 물로 왔다갔다하는 기분
이었다. 마침내, 내 끈질긴 노력 때문이었는지는 모르지만 친척
들 중 몇 사람이 서서히 긴장을 풀기 시작했다. 그래서 어떤 사
람은 응접실로 나와 나무 주위에서 벌어지는 축제에 합류하기도
했다. 또 파티가 끝날 때 즈음에는 오울드 씨와 미첼 씨 등에게
말을 건네기까지 하였다. 청소부들에게는 말을 건네지 않았지만
말이다.

나는 그 파티가 이제까지와는 전혀 다른, 새로운 한 해의 시
작으로 연결되기를 소망했다. 그것은 내 앞에, 나를 잘못 인도
할 수도 있는 수많은 혼란스런 갈림길들이 놓여 있었기 때문이
었다. 친구들과 친척들이 어설프게 왔다가 돌아가자, 이번에는
다른 부류의 손님들이 찾아오기 시작했다. 그들은 나를 다시 모
슬렘 신앙으로 개종시키기로 작정한 사람들이었다. 그들 중에는
고향으로 돌아오라는 유혹의 소리에 내가 어떤 반응을 보이는지
호기심을 갖고 구경하려는 사람들도 있었다. '내가 어떻게 답해
야 할까? 신중하게 침묵을 지키는 편이 나을까? 아니면 내 생각

을 솔직히 직언해 버릴까?'

나는 또다시 마음의 평안을 따라 결정내렸다. 내가 신중해지려고 애쓸 때에는 언제나 불안함이 따르는 것을 느꼈다. 그러나 퍼부어지는 질문에 즉시 사랑으로 대답할 때는 주님이 지혜를 주심을 알 수 있었다.

예를 들면, 어느날 오후 노크 소리가 들렸다. 오후 2시였으므로 나는 짐짓 놀랐다. "비굼사힙, 손님이 찾아오셨습니다" 하고 문을 열며 라이샴이 말했다. 그녀는 조금 망설이면서 차분하게 알려왔다. 정오에서 3시까지는 방해받지 않는 시간으로 엄격히 명령해 놓은 것을 라이샴이 알고 있었기 때문이었다. 그러나 그건 더이상 명령이 아니었다. 1년 전만 같았으면 무슨 일이 있어도 정오에서 3시까지는, 방해하면 날벼락을 쳤을 것이다. 그러나 이제는 더이상, 시간은 내 소유가 아니었다. 그것을 주님의 소유로 드렸다. 라이샴 역시 그런 눈치를 챘는지, 요즈음엔 어느 시간에나 상관없이 내 방을 노크했다.

"비굼사힙, 영국인입니다." 그녀의 갈색 눈이 신기하다는 듯이 반짝거렸다.

"하나님에 대해서 말씀을 나누고 싶다는군요."

"그래?" 나는 놀라서 말했다. "곧 내려간다고 해."

응접실에서 기다리고 있던 사람은 얼굴이 하얗고 머리가 금발인 영국인이었다. 파키스탄 전통 복장인 흰색 웃도리에 자주색 바지를 입은 차림새가 시선을 끌었다. 그의 흰 얼굴과 흰 옷은 응접실의 하얀 벽과 잘 어울렸다. 그는 사전 약속 없이 불쑥 찾아온 것을 사과한 후 곧장 본론으로 들어갔다. 그는 나를 만나려고 카라치에서 여기까지 여행해 왔다며 말했다. 자신은 기독교에서 이슬람교로 개종했으므로 우리들 사이에 어떤 공통점이 있음을 흥미 있게 느낄 수 있다고 생각한 모양이었다. '아.' 나는 속으로 말했다. '이제 알겠다. 내가 영국인을 얼마나 좋아 하는지를 아는 가족들이, 기독교를 떠나 이슬람교로 개종한 영 국인이라면 내 마음을 움직이게 할 수 있다고 생각하여 작전을 썼구나.' 그는 헛기침을 여러 번 하고는 "저어, 저어" 하며 망 설이다가 불쑥 방문 목적을 말했다. "비굼, 저는 모슬렘이 기독 교인으로 개종했다는 사실을 정말 이해할 수가 없습니다. 성경 은 말입니다, 기독교의 신약은 하나님께서 주신 말씀으로부터 엄청나게 변질된 것임을 우리 모두가 잘 알지 않습니까?" 그는 주로 이슬람 학자들이 성경에 대하여 주장하고 있는 몇 가지 점 들을 들춰냈다. 오늘날의 번역서가 본 내용에서 너무나 빗나갔 기 때문에 믿을 수 없다는 이야기도 꺼냈다. 모슬렘이 주장하는 바에 따르면 성경의 원본은 코란과 일치한다는 것이다.

"제가 진지하게 보이는 척한다고 오해하시지는 말기를 바랍 니다." 내가 말하기 시작했다. "제가 정말 알고 싶은 것이 있는 데, 저는 이제까지 성경이 변질되었다는 말은 들어왔습니다만, 누가 변질시켰는지는 배우지 못했습니다. 언제, 어느 부분이 변 질되었나요?"

그 방문객은 몸을 뒤로 젖히더니 천정의 조각된 각재들을 쳐 다보면서 의자 팔걸이를 손가락으로 두드렸다. 그는 대답하지 않았다. 내가 아는 한 이 질문에 대한 답은 없었다.

"자, 보세요." 나는 그동안 조금씩 연구했던 것을 설명해 나 가기 시작했다.

"영국 박물관에 있는 성경의 고대 번역서들은 마호메트가 태 어나기 거의 300년 전에 정경으로 인정된 말씀들입니다. 기독 교와 이슬람교 사이에서 논란이 되고 있는 이 고대 사본은 오늘

날의 성경과 동일합니다. 전문가들은 오늘날의 성경이 모든 근본적이고 절대적인 내용에 있어서 원본과 다름이 없다고 말하고 있습니다. 이 점이 저에게는 매우 중요합니다. 왜냐하면 성경은 저에게 살아 있는 말씀이 되었기 때문입니다. 그 말씀은 내 영혼에게 말하시며 영의 양식을 공급해 주십니다. 그리고 제게 길을 안내해 주십니다 ……." 그는 내가 이야기하는 도중에 두 발을 모았다.

"…… 그래서." 나는 계속 말을 이었다. "내가 모르기 때문에 속고 있는 일이 있다면 알아야만 해요. 말씀해 주시겠습니까?"

"당신은 '말씀'이 마치 살아있는 것처럼 말씀하시는군요." 그가 말했다.

"나는 그리스도가 살아계심을 믿습니다. 당신이 말한 것처럼!" 나는 서슴없이 말했다. "코란도 그리스도가 하나님의 말씀이라고 말합니다. 그 점에 대해 당신과 이따금씩 의견을 나누고 싶군요."

"저는 이제 돌아가야겠어요."

나는 그를 문 앞까지 배웅하면서 다시 오라고 했다. 그러나 그는 다시 오지 않았다. 그 대신 다른 사람들이 찾아왔는데, 그들은 마치 전장에 나가는 군인들처럼 철저히 무장을 하고 나타났다. 그릇된 개념들로 변론할 태세를 갖추고서 말이다. 그들 중에는 크리스찬들이 하나님을 따로따로 떼어놓고 경배한다고 신랄하게 비난하는 자도 있었다. "당신들은 소위 신을 하나님, 마리아, 예수의 삼위일체라고 떠벌리죠." "당신들은 하나님이 마리아를 취하여 예수를 낳았다고 하는데, 알라가 배필을 취하는 일은 있을 수 없지 않겠습니까?" 그는 우스꽝스러운 듯이 계속 말했다. 나는 즉시 기도했다. 그러자 선명한 지혜가 떠올랐다.

"당신은 코란을 읽습니까?" 내가 물었다.

"물론입니다."

"자, 그러면 그리스도에게 하나님의 신이 임한 것을 코란이 어떻게 설명하고 있는지 기억하시나요?" 나는 가끔씩 놀란다. 어떻게 코란이 그와같은 놀라운 진리를 담고 있을 수 있는지 말이다.

"당신은 아마 사두 썬다싱(Sadhu Sundar Singh)에 관해서 들었을 겁니다. 독실한 시크교도인 썬다싱 앞에 예수님이 환상 가운데 나타나셨습니다. 그리고 예수님께서 삼위일체를 이렇게 설명하셨습니다. '태양은 열과 빛을 갖고 있다. 그러나 빛은 열이 아니며 열은 빛이 아니다. 둘은 각각 다른 양태로 나타나지만 그 둘은 하나다. 이와같이 나와 성령은 성부 하나님께 속하였다 …… 빛과 열이 한 세계에 속한 것처럼 ……. 그러므로 우리는 본질적으로 셋이 아니라 하나다. 마치 태양이 하나인 것처럼 …….'" 내가 말을 마치자 침묵이 흘렀다. 그는 깊은 생각에 잠겼다. 결국 그는 일어나서 시간을 내준 것에 대해 감사하다고 몇 마디 한 뒤 조용히 돌아갔다.

쓸쓸하게 자갈길을 내려가는 그의 뒷모습을 지켜보면서, 사실은 영국인과 저 광신적인 마호메트 열성 교도를 주님이 보내신 것이 아닐까 하는 생각이 들었다. 그들 중의 누구도, 그 이후로는 다시 만나지 않았으니 모를 일이다. 그것은 문제가 되지 않는다. 나는 그 결과를 알아냈다고 해도 놀라지 않을 것이다. 내게 있어서 정말 중요한 문제는 순종이었으니, 주님이 이런 사람들에게 말하라고 하시면 나는 순종할 뿐이었다.

　겨울이 지나고 봄이 되면서 주님은 말씀을 전할 다른 방법을 가르쳐 주셨다. 라홀로 가서 내 아들 칼리드를 만났는데, 서먹 서먹하고 대화가 통하지는 않았으나 어쨌든 좋았다. 나는 성경에 관심을 갖는 사람이 있으면 주려고 복사판 성경 100권을 사 두었었다. 양질의 기독교 소책자도 몇 권 사 두었다. 그리고는 기회 있을 때마다 나누어 주기로 하고 공중 화장실에도 비치해 두었다. 그 일이 잘하는 일이라는 확신은 없었다. 한번은 화장실에 들어가보니 소책자의 수가 조금 줄어들어 있었다. 그러나 그 책자들은 쓰레기통에서 구겨진 채로 발견되었다. "무의미한 일인 것 같군요, 주님." 나는 말했다. "제가 주님이 원하시는 일을 하고 있는 건가요? 왜 결과가 없는 거죠? 주님." 나는 탄원했다. "주님을 증거한 결과를 단 한번만이라도 볼 수 없을까요?" 이슬람교로 개종했다는 영국인, 장군, 도망친 하인들과 친구들, 그리고 친척들에게도 여러 번 말했지만 한번도 그 열매를 보지는 못했다. "저는 통 모르겠어요. 주님. 왜 주님이 저를 사용하시지 않는지 그 이유를 알 수 없군요." 기도하는 동안 그 방에 주님의 임재가 점차 강하게 느껴졌다. 주님의 힘과 평강으로 가득히 채워지는 것을 느꼈다. 그러자 내 마음속에 한 목소리가 뚜렷하게 들렸다. "빌퀴스, 한 가지 묻겠다. 네가 친척들과 이야기할 때와 친척들과 말하던 때를 생각해 보아라. 그 순간에 너는 내가 함께 있음을 느꼈느냐?"

　"예, 주님, 분명히 느꼈습니다."

　"나의 임재뿐 아니라 내 영광도 거기 있었느냐?"

　"예, 주님."

　"그렇다면 그것이 너에게 필요한 전부다. 그러나 그 결과는 너의 문제가 아니라 내가 알아서 할 일이다. 네가 염려할 전부는 순종의 문제이니라. 너는 결과를 구하지 말고 나의 임재로 내가 함께 할 것을 구하라."

그래서 나는 그 일을 계속해 나갔다. 뜻밖에도 그렇게 전도하는 동안에, 오히려 내 자신이 격려를 받고 새 힘이 솟아난다는 것을 깨달았다. "결과"를 바라보던 내 눈을 주님의 임재하심으로 돌리자 친구들과 친척들을 계속적으로 만나도 낙담이 되지 않았다. 지혜롭게 기회를 이용하는 법도 배웠다. 화제의 중심이 정치에 있든 옷에 있든, 나는 그 사람의 마음을 열 수 있는 질문을 주님이 알려 주시도록 기도했다. 한번은 조카딸과 이야기하다가, 지금은 일본의 파키스탄 대사관에서 근무하고 있다는 칼리드의 소식을 듣게 되었다.

"칼리드 씨가 댁에 찾아온다면 어떻게 하시겠어요?"

그녀는 웃으면서 눈썹을 치켜올렸다. 나는 똑바로 쳐다보면서 말했다. "환영할 거야. 차도 대접하고." 조카딸은 믿을 수 없다는 듯이 나를 바라보았다. "나는 그를 용서했단다. 그리고 그 역시 내가 상처를 준 것에 대하여 전부 용서해 주기를 바랄 뿐이야."

"세상에, 어떻게 용서를 할 수가 있어요?" 그애는 내가 얼마나 깊은 상처를 입고 헤어졌는지를 알고 있었다.

"내 힘으로는 도무지 용서할 수 없는 사람이지만, 하나님은 용서할 수 있도록 초자연적인 힘을 주셨단다." 조카딸은 한동안 조용히 앉아 있더니 말했다. "제가 들어보지 못한 기독교 정신이군요. 아주머니가 계속 그렇게 말씀해 주신다면 저는 여기 와서 예수님에 관해 배우겠어요." 그러나 나는 실망했다. 내 기대와는 달리 조카딸은 그날 이후, 다시는 그런 이야기를 꺼내지 않았던 것이다.

이즈음에 나는 여러 번 하나님의 영광에서 멀어짐을 경험했다. 항상 일정한 방식으로 그런 일이 일어났는데, 다름 아니라 아주 그럴듯한 말로 꼬이는 사탄의 올무에 빠져 들어가는 것이었다. 나의 주장은 아주 완벽하다고 내세우는 어떤 고집 같은 것이었다.

어느날 한 친구가 찾아와서 물었다.

"왜 그렇게 배타적입니까? 당신은 기독교든, 모슬렘이든, 힌두교든, 불교든, 유태교든지간에 결국 우리 모두는 같은 신께 예배하는 것이라는 사실을 인정해야 합니다. 우리는 신의 이름을 다르게 부를 수도 있고 또 다른 방향으로 접근할 수도 있는 겁니다. 그래도 결국은 같은 신께로 가는 것 아닙니까?"

"정상은 하나지만 오르는 길은 다르다는 이야기군요?"

그는 찻잔을 들고 안락한 소파에 등을 기대면서 고개를 끄덕였다. 이에 내가 공격을 가하기 시작했다.

"신은 유일한 정상이 될 수 있겠지만 그 산에 이르는 길은 예수 그리스도를 통한 하나의 길 뿐이에요. 주님이 말씀하시기를 '내가 곧 길이요 진리요 생명이다'라고 하셨어요. 그건, 그저 또 하나의 길이 아닌 거예요." 나는 날카롭게 쏘아붙였다. "바로 그 길 뿐이에요." 내 친구는 찻잔을 내려놓더니 상을 찡그리면서 고개를 저었다. "빌퀴스, 누군가 당신을 아주 거만한 사람이라고 말하지 않던가요?"

그 순간 내 앞에 앉아 있는 그를 통해 하나님께서 나를 책망하심을 알았다. 나의 주장은 옳았고 성서적이며 거의 완벽했다. 그러나 성령의 인도하심을 따르고 있지는 않았다. 내 자신 빌퀴스가 옳았고, 빌퀴스가 진리를 말한 것이다. 이에 즉시 회개의 기도를 하고 주께서 이 교만함을 용서해 주시기를 기도했다.

"미안합니다." 나는 미소지으며 말했다. "제가 독선적인 기독교인으로 보였다면 그리스도의 뜻대로 행하지 않은 것입니다. 제가 더욱 변화되어야 하는 만큼 그리스도를 더 배워야 합니다. 주님이 지금과 같은 방법으로 여러 번 말씀하셨기 때문에 아는데, 바로 지금 주님이 당신을 통해서 제게 말씀하셨습니다." 나는 그 이후로 그가 주님께 가까와졌는지 아닌지는 알 길이 없었다. 그러나 나는 주님의 음성을 듣고 순종하는 법을 배우느라 쉽지 않은 걸음을 시작했다는 것을 깨달았다.

그러던 어느날 밤, 주님을 영접한 지 얼마 되지 않았을 때 일어났던 그 끔찍한 경험을 또다시 겪게 되었다. 나는 잠을 자려고 했었는데, 순간적으로 침실 창문에 악한 영이 기다리고 있음을 강하게 느꼈다. 즉시 내 마음은 보호자이신 하나님께로 향했다. 주님은 창문 가까이로 가지 말라는 경고를 주셨다. 나는 암탉이 병아리를 품음 같이 하나님께서 보호해 주시기를 기도하면서 침실 바닥에 무릎을 꿇었다. 하나님의 강한 보호하심이 날개처럼 나를 감싸 안아 주심을 느꼈다. 내가 일어났을 때 창 옆에 있던 존재는 가버리고 없었다.

다음날 아침이 되자 나는 미첼 씨 집을 향해 차를 몰았다. 햇빛이 밝게 비추고 있었는데도 계속 떨고 있었다. 그 집 대문을 향해 걸어가면서도 지난밤에 있었던 일을 말해야 할지 어떨지 몰라 망설였다. 그들은 이해하지 못할지도 모른다. 문 앞에 서자 신노브가 나와서 나를 껴안고는 안으로 들어가자고 했다. 그녀의 푸른 눈이 내 얼굴을 읽었다. "무슨 일이죠, 빌퀴스?"

"저 ……." 나는 용기를 내어 말하기 시작했다. "왜 그리스도인이 된 후에는 두려운 일이 일어나는 거죠?"

그녀는 나를 거실로 인도했다.

"당신이 말하는 뜻을 잘 모르겠군요." 그녀는 골똘히 생각하면서 말했다.

"어떤 사람이 당신을 해치려 하던가요?"

"어떤 사람이 아니라 어떤 존재예요."

"오." 하고는, 그녀는 일어나서 성경을 가져와 폈다. "여기에 있듯이 ……." 그녀는 앉아서 책장을 넘기며 말했다. "에베소서 6장에 그러한 일에 관해서 말씀하고 있어요." 그녀가 읽어 내려갔다. "우리의 씨름은 혈과 육에 대한 것이 아니요 정사와 권세와 이 어두움의 세상 주관자들과 하늘에 있는 악의 영들에게 대함이라." 그녀는 나를 올려다보았다.

"틀림없이 그거예요." 나는 지난밤에 있었던 일을 말했다. 그녀는 생각에 잠겨 듣더니 물었다. "왜 오울드 씨에게 말씀해 보지 않으셨어요?" 나는 당황하며 웃었다. "저는 그 일에 대해 말하는 것조차 싫었어요. 말씀드려야 할지 어떨지도 몰랐어요."

그날 저녁, 오울드 씨 부부가 참석한 모임이 시작될 때는 더욱 그렇게 느껴졌다. 나는 단지 내 자신을 바보로 만들 뿐이라는 생각이 들어 결정을 내리지 못하고 있었다. 그건 아마 내 신경이 과민해져서 상상으로 일어난 일이었는지도 몰랐다.

그러나 나는 난로 앞에 있는 소파에 앉으면서 마리 오울드에게 입을 열었다. 말하지 않을 수가 없었다. 될 수 있으면 가벼운 기분으로 이야기해 보려고 애썼다.

"어젯밤에 아주 희한한 일이 있었지 뭐예요. 마리, 굉장히 무서웠는데 …… 어떻게 설명할 수가 없군요."

마리의 남편인 켄은 평상시처럼 우리 뒤에 있는 창가에 편안한 자세로 앉아 책을 읽고 있었다. 그는 내 말을 듣자마자 읽던 책을 무릎에 내려놓고는 내 얼굴을 올려다보았다. 내가 내키지 않아 하면서도 억지로 말하는 것을 알아챘는지, 그만이 갖고 있는 특유의 방법으로 내가 모든 이야기를 털어놓도록 편안하게 대해 주었다. 나는 말을 마치면서 유머를 생각해 내었다. "아마 어젯밤에는 카레를 너무 많이 먹었나봐요, 하하하!"

"그 말을 억지로 가볍게 만들려고 애쓸 필요는 없어요, 빌퀴스. 주님이 극복하도록 도와주실 겁니다." 그때 캔이 재빨리 말했다. "영적인 일들이 일어났군요." 그는 소파에서 일어나 우리 앞에 앉았다. 그의 표정은 심각했다. 그는 사탄이란 영적 존재와 사람을 시험하는 사탄의 활동을 하나님께서 허용하실 때가 있다는 사실에 관해 설명해 주었다. 예를 들어 구약에서 사탄이 욥을 공격하도록 허락하신 사건과, 광야에서 그리스도를 시험하도록 내버려 두신 사건을 지적했다. 두 경우 다 사탄의 시험이었다고 켄은 말했다. 또한 시험을 받은 사람들은 하나님께 대한 담대한 믿음을 선포함으로써 승리했다고 덧붙여 말했다. 나는 세례를 받기 이틀 전날 밤에 있었던 사탄의 공격을 기억하지 않을 수 없었다.

배움의 과정은 이렇게 서서히 계속되었다. 나는 켄의 가르침이 퍽 감사했다. 그러나 하나님이 나를 고향의 친숙한 사람들로부터 떼어놓아 새로운 가족들을 주시고, 와마을이 아닌 낯선 도시에 뿌리를 내리도록 훈련하고 계시다는 섭리는 아주 나중에가서야 깨달을 수 있었다. 그것은 몇 번이고 오직 주님만을 의지해야 할 상황에 처하게 하심으로써 나를 믿음과 인내로 단련하시는 과정이었다.

제 11 장
변화의 바람

그로부터 몇 주가 지난 어느 주일, 정기 기도 모임에서부터 젖을 떼는 이유식 과정이 시작되었다고나 할까? 그날 저녁, 오울드 씨 부부와 미첼 씨 부부는 모두 우울해 보였다.

"무슨 일이 잘못되었나요?" 나는 오울드 씨 집의 응접실로 들어가면서 물었다. 켄은 고개를 들어 천정을 올려다보며 말했다. "마리와 저는 휴가를 떠납니다." 그가 무뚝뚝하게 대답했다.

나는 버림을 받은 기분이 들어서 멍하니 있었다. 오울드 씨 없이 내가 무엇을 할 수 있겠는가. 물론 아직은 미첼 씨 부부가 남아 있었다. 그러나 나는 양가족 모두 나를 지탱해 주도록 의지했었다. 미첼 씨 부부는 나를 처음으로 교회와 접촉하도록 도와주었고, 오울드 씨 부부는 나와 함께 오늘날까지 걸어왔다. 이 일은 시작에 불과한 것일까? 오래지 않아 양가족 모두를 잃게 되지나 않을지 걱정이 되었다.

마리가 내 마음을 읽기라도 한 것처럼 나에게 다가와 손을 잡고 눈물을 글썽이며 말했다.

"언제나 인생이란 이런 식이라는 걸 인정하시죠? 우리가 사랑하는 저 사람들도 언젠가는 떠나게 될 거예요. 예수님만이 영원히 당신과 함께 머무실 수 있는 분이죠."

켄도 내 옆으로 다가와서 위로했다.

"그리고 아셔야 할 일이 한 가지 더 있어요, 빌퀴스. 주님은 결코 어떤 특별한 목적이 없이는 당신을 안전한 환경 밖으로 인도하시지 않는다는 것을 믿으세요. 그러니까 고통의 한가운데에서도 기뻐할 이유가 항상 있는 거예요."

오울드 씨 부부, 미첼 씨 부부, 그리고 내가 한자리에 모일 수 있는 시간은 단 몇 주만 남았을 뿐이었다. 헤어질 날짜가 다가올수록 처절한 느낌을 떨쳐버릴 수가 없었다. 켄과 마리가 떠남으로써 생기는 모든 공허감을 신앙으로 메꾸려고 노력했지만, 그것은 겉모습일 뿐 실제로는 전혀 그렇지 못했다.

그 슬픔의 날이 되자 미첼 씨 부부와 나, 그리고 정기적으로 함께 모이던 소그룹은 전송을 하기 위해 오울드 씨 집으로 갔다. 이 마지막 순간을 축하하려고 최선을 다했으나 우리의 마음은 무겁기만 했다. 우리는 그 순간을 "그들이 떠나가도록 내버려 두는 것"이 아니라 "그들을 보내 주는" 기회로 생각하려고 애썼다. 그것은 훌륭한 연극이었다. 그러나 짐을 싣고 둔탁한 소음을 내며 그랜드 트렁크 로오드로 사라져가는 오울드 씨의 차를 뒤에서 바라보는 우리의 마음은 다시는 부요한 생활을 누릴 수 없을 것만 같은 절박한 기분이었다.

그날 나는 차를 몰고 집으로 돌아오면서, 이제는 적의로 가득 찬 공동체 속에 나 혼자 외톨박이로 떨어진 것 같은 야릇한

기분이 들었다. 얼마나 어리석은 생각인가, 아직 와마을에는 미
첼 씨 부부가 있는데.

이유식 과정은 오울드 씨 부부가 떠난 몇 달 뒤인 어느 늦은
아침, 이전엔 기대해 보지도 못한 전혀 새로운 방향으로 진행되
어갔다. 다니엘 박슈 박사라는 사람이 전화를 걸어왔다. 그는
자신과 스탠리 무니함 박사가 월드 비전(World Vision)이라는
선교 단체에 속해 있으며, 단체의 본부는 미국 캘리포니아에 있
다고 소개하면서 방문하고 싶다는 말을 덧붙였다.

그 기관에 관해서 들어본 적은 없었으나, 어쨌든 우리 집은
어느 누구에게나 개방되어 있었다. 설사 모슬렘에서 기독교로
개종한 사람을 구경하고 싶은 호기심으로 찾아오는 사람이라고
해도 나는 문을 열어 줄 작정을 하고 있었다.

두 사람은 그 며칠 뒤에 찾아왔다. 저녁식사를 마치자 무니
함 박사라는 사람이 이야기를 시작했는데 호기심 많은 구경꾼이
아닌 게 분명해 보였다. 그는 내가 개종한 사실에 대해 관심을
보이긴 했으나 우리 정원사가 개종했다고 하여도 동일한 관심을
가질 사람이었다. 차를 마시면서 우리의 얘기는 본론으로 들어
갔다.

"싱가폴에 오셔서 한번 간증해 주시지 않겠습니까? 마담 쉬
이크." 무니함 박사가 물었다.

"싱가폴이라구요?"

"빌리그래함 목사께서 '그리스도는 아시아를 부르신다'
(Christ seeks Asia)라는 슬로건을 걸고 큰 전도 집회를 준비하
고 계십니다. 모든 종족의 아시아인들 — 한국인, 인도네시아인,
일본인, 인도인, 중국인, 파키스탄인 — 을 위한 집회가 될 것입
니다. 부인의 간증은 많은 사람들에게 큰 도전이 될 것입니다."

그건 바른 제안으로 들리지 않았다. 굳이 다른 세계로 나가지 않아도 나는 와마을에서 충분히 바르게 살고 있지 않은가?

"기도해 보겠어요." 나는 신중하게 말했다.

"그렇게 해주십시오. 부탁드립니다." 그들은 이렇게 인사를 하고 떠났다.

그들이 가고 나서 한참 뒤에, 나는 베란다에 앉아 약속한 대로 그 초청에 대해 생각하면서 주의 뜻을 구하고 있었다. 마음 한쪽에서는 절호의 기회라고 말했다. 그러나 다른 한편에서는 생각해 볼 필요조차 없는 일이라고 말했다.

그러다가 한 가지 생각이 떠올랐다. 내 여권. 물론, 그것은 만기가 되어가고 있었다. 싱가폴에 가려면 여권을 갱신해야 할 것이다. 그러나 그 당시 파키스탄에서는 여권을 한번 갱신하려면 거쳐야 하는 절차가 무척이나 복잡했다. 그런 상황에서 여권을 갱신한다는 것은 불가능했다. 어떤 사람은 갱신하려고 보냈다가 아예 돌려받지 못한 경우도 허다했다.

이런 상황을, 하나님의 음성을 분별하는 데 사용할 수 있을까? 만약 내가 가기를 원하신다면, 주님은 물론 여권 처리를 세밀하게 도와주실 것이다. 바로 그날 오후, 필요한 서류를 준비해서 여권과 함께 해당 관청에 부쳤다. 싱가폴 여행에 대한 답은 틀림없이 부정적일 것이라고 확신하며 우편함에 집어 넣었다.

일 주일쯤 후 관청에서 온 듯한 봉투가 우편함에 들어 있었다. 나는 미소를 지으며 생각했다. '이건 갱신받기 위한 첫단계일 거야. 무슨 서류가 더 구비되어야 한다든가 하는 ……. 이렇게 또 몇 달이 지나가겠지.'

나는 봉투를 열었다. 그런데 거기에는 완전하게 갱신되어 관청 도장이 찍힌 여권이 들어 있었다.

그후 몇 달이 지난 어느날, 나는 여섯 살이 된 마무드에게 작별 인사를 하고 라홀로 떠났다. 싱가폴행 비행기를 타기 위해 카라치로 가기 전에 칼리드를 잠시 방문했다. 이때가 1968년, 내가 주님을 만난 지 1년 반이 조금 지난 때였다. 칼리드는 다른 가족들과 마찬가지로 내가 발견한 사실들에 대해 거의 무관심했다. 나는 그가, 마흔 여덟 살이나 먹은 내가 푼수에 맞지 않게 이상한 여행을 시작했다고 생각하는 것을 눈치챘다. 그러나 그는 어머니로서의 나를 존경했고, 우리는 즐거운 시간을 보낼 수 있었다.

카라치에서 비행기에 오른 다음부터, 맡은 일에 대해 생각하면서 결국 칼리드의 생각이 옳다는 느낌이 들었다. 어찌되었건 싱가폴로 향하는 비행기 안에 있었던 것이다.

비행기 안에는 기독교인들이 많이 있었으나 별로 유쾌하지 않았다. 그들의 쾌활한 모습은 오히려 나를 움츠러들게 했다. 그들은 통로 사이를 서로 왔다갔다하며 크게 복음성가를 부르기도 하고 손을 올리고는 "할렐루야, 주님을 찬양"이라고 외치기도 했는데, 나는 자유롭게 신앙을 표시하는 그들의 모습에 당황하고 있었다. 그들의 기뻐하는 모습에는, 전에 런던 거리의 집회 참석자들 사이에서 우연히 보았던 억지의 유쾌함은 아니더라도 어디엔가 인위적으로 자아내는 것이 있었다. 나는 이런 것이 기독교 단체의 여행이라면 관심없다고 불평하는 내 자신을 발견할 수 있었다.

도대체 무엇이 나를 불안하게 만드는 것일까? 그 이유를 뭐라고 꼬집을 수는 없지만, 이 싱가폴 여행 이면에 개인적으로 중요한 무슨 일인가가 자리잡고 있다는 직감이 어렴풋이나마 들었기 때문이다. 마치 이 여행이 앞으로 전개될 내 삶의 부르심을 예시라도 하는 것같아 보였다.

"오, 주님. 안됩니다." 나는 속으로 말했다. "주님 저를 잘 아시지 않습니까? 도와 주세요." 어떤 예감이라고 말해야 할까? 그렇다면 내가 비행기를 타고 많은 시간을 여행하면서 쾌활하고 외향적인 사람들 틈에 끼어 어울려야 한단 말인가? 나는 평소에 내성적이라 시끄러운 사람들을 도무지 견딜 수가 없었다. 와마을은 내가 한 사람의 기독교인 역할을 하면서 안락하게 살 수 있는 곳이었다. 비록 변두리이긴 하지만, 최소한 거기서는 견딜 수 있었다. 나에게 있어서 기독교는 매우 개인적인 기쁨이었고, 나는 그 기쁨을 내 성격에 맞게 잘 적용하고 있었다. 나는 확실히 수백 명, 아니 어쩌면 수천 명의 낯선 사람들 앞에 내 자신을 드러내는 것을 좋아하지 않았다.

비행기가 이륙하자 창문을 통해, 저 아래 안개 속에 있는 파키스탄을 내려다보았다. 며칠 후면 돌아오겠지만 나의 직감은 아주 생생하게, 이것은 단지 시작일 뿐이라고 경고했다. 고국으로 돌아올 수 있으리라는 생각이 들면서도, 또 다른 한편으로는 결코 돌아오지 못하게 될 것 같았다. 이 사람들 ― 비행기 안에 있는 기독교인들 ― 이 이제 나의 고향이라고 말해야 옳았다.

도대체 왜 이런 생각이 드는 것일까? 그 생각은 나를 소름끼치게 했다.

싱가폴 공항에서 우리는 부흥회 장소로 직접 갔다. 거기엔 이미 행사가 진행되고 있었다. 그런데 갑자기 거기 모여 있는 크리스찬들에게 전혀 예기치 않은 반응을 보이는 내 자신을 발견하고는 매우 놀랐다.

그곳에는 내가 일찍이 본 적이 없을 정도로 많은 수천 명의 남녀가 모여 있었다. 내가 홀로 걸어 들어갈 때 모든 사람들이 "주님의 높고 위대하심을 내 영혼이 찬양하네"라는 찬양을 부르고 있었다. 이제 친숙한 하나님의 영의 임재하심이, 이전엔 결코 경험해 보지 못한 장엄한 광경으로 나타나는 것을 보고 가슴이 두근거렸다. 거의 순간적으로 나는 외치고 싶었다. 슬픔의 외침이 아닌 기쁨의 탄성을. 나는 그렇게 많은 사람들이 하나님을 찬양하는 것을 본 적이 없었다. 나는 감동을 억제하기가 어려웠다. 여러 나라에서 온 그 많은 사람들을. 민족도 다르고 의상도 다른 사람들의 찬양을. 층층마다 크리스찬들이 영원토록 거기 서서 찬양하고 있을 것만 같았다.

그러나 지금 이 사람들은 달랐다. 비행기 안에 있던 그 사람들의 모습이 아니었다. 나는 비행기 안에서 겪은 일들이 생각났다. 그리고 비로소 이해할 수 있었다. 비행기 안에 타고 있던 사람들에게는 수줍음과 소심함, 어쩌면 두려움까지 있었다. 나는 그들의 얼굴에서 아주 생소한 것에 대한 두려움, 비행기 여행에 대한 공포가 있었음을 감지했어야 했다. 그들은 상투적인 언어와 행동으로 그 공포를 가리고 있었던 것이다. 그들의 찬양에는 내가 하녀를 야단치거나, 나를 이슬람으로 돌이키려고 변론을 걸어온 삼촌에게 격렬한 반응을 보였을 때 만큼이나 성령의 역사하심이 없었다. 그들이 가면을 쓰고 상투적인 대화를 나누는 데 내가 속았던 것이다. 나는 그런 식으로 상한 감정을 감추는 것이 기독교인들의 습성일 수도 있음을 알았어야만 했다. 그러나 여기 전도 집회는 달랐다. 사람들은 사교를 위한 종교적 대화 대신에 진정한 경배를 시작한 것이다. 나는 앞으로도 이런 사람들과 함께 하는 일이라면 얼마든지 감사함으로 할 수 있겠다는 생각이 들었다.

그런데 한 가지 일이 아직 걱정되었다. 그것은 내가 정말로 이 수천 명의 사람들 앞에서 이야기를 해야 한다는 것이었다. 내가 간증할 수 있는 말이란 어떻게 와마을에서 주님을 만나고 체험했는지에 관한 한 가지 이야기뿐이었다. 그런데 여기서? 세계 각지에서 온 이 많은 사람들 앞에서? 나는 좀처럼 안정이 되지 않았다.

서둘러서 호텔로 갔다. 거기서 마음을 가라앉히려고 노력하며 창 밖을 보니 인파로 붐비는 싱가폴이 내려다보였다. 싱가폴은 런던이나 파리와는 전혀 다르게 보였다. 사람들은 서로 밀치며 다녔고 행상인들은 소리지르며 물건을 팔고 있었다. 차들은 서로 다투듯이 경적을 울리며 혼잡한 길을 누볐다. 몹시 붐비는 인파는 소심한 내가 전도 집회의 군중들에게서 느끼는 두려움을 다시 불러일으켰다. 커튼을 닫고 방 구석으로 물러나 마음을 차분히 정돈해 보려고 눈을 감았다. 그러나 여전히 떨고 있었다.

"오, 주님. 당신의 위로하시는 영은 어디 계십니까?" 그러자 갑자기 어린 시절, 아버지와 함께 와마을의 시장을 지나가다 생겼던 일이 기억났다. 아버지는 나에게 아버지 곁에 꼭 붙어 있으라고 주의를 주셨다. 그러나 언제나 호기심이 많고 활동적이었던 나는 달아나기가 일쑤였다. 마침 길가에 진열된 꽃이 눈길을 끌어 그 앞으로 뛰어가서 구경하고 있었던 것이다. 그 순간 아버지가 옆에 안 계신 것을 깨달았다. 나는 무서워서 울음을 터뜨렸다. "아버지!" 흐느끼면서 소리쳤다. "어디 계세요? 다시는 아버지 곁에서 떠나지 않을께요!"

곧 군중 속에서 키가 크고 호리호리하신 아버지가 사람들을 헤치고 재빨리 내게로 다가오고 계셨다. 나는 비로소 다시 아버지와 함께 걸을 수 있었다. 이제 내가 원하는 것의 전부는 아버지 곁에 머무는 것이었다.

나는 호텔방에 앉아 스스로 근심하고 염려하면서 주님의 위로하는 임재하심으로부터 멀어져 있었던 것이다. 이제는 걱정을 떨쳐버리고 하나님을 온전히 의뢰하는 법을 배워야겠다는 마음이 간절했다.

이윽고 나는 평안을 되찾았다. "아버지, 감사합니다." 안도감에 눈물을 흘리며 기도했다. "주님으로부터 떨어져 나온 저를 용서해 주세요. 주님은 여기에 계시며 그 전도 집회 장소에도 계십니다. 저는 두려워하지 않아도 돼요."

몇 분이 지난 후 호텔 로비에서 누군가 친숙한 목소리로 인사하면서 내 팔을 붙드는 것을 느꼈다. 돌아보니 무니함 박사였다.

"쉬이크 부인, 당신이 오셔서 얼마나 좋은지 모르겠습니다!" 무니함 박사는 나를 만난 것이 무척 기쁜 모양이었다.

"혹시 떨고 있는 것은 아니겠지요?" 그는 마치 내 마음을 읽고 있는 것처럼 말했다.

"염려하지 마세요." 나는 웃으면서 대꾸했다. "저는 괜찮을 거예요. 주님이 여기 계시니까요." 그는 이 말을 해석하려는 듯이 내 얼굴을 유심히 쳐다보았다. 나는 비행기 안의 사람들처럼 상투적인 음성을 써서 그로 하여금 속마음을 읽어내지 못하기를 바랐다. 그러나 무니함 박사의 눈은 내 영혼의 깊은 곳을 간파하고 있었다. 갑자기 그가 만족한 듯이 말했다. "좋습니다." 그러더니 돌연히 "당신은 내일 아침에 말씀하시게 됩니다" 하며, 시계를 보았다. 그리고 덧붙였다. "기도할 시간은 충분합니다."

무니함 박사는 나를 정확하게 이해하고 있었다. 편안한 마음이 다음날 아침까지도 지속되었다. 강당에 모인 수천 명의 사람들 앞에 서서 주님이 어떻게 놀라운 방법으로 나를 만나셨는지에 대해 증거할 때까지도, 사람들 앞에서 말하는 것이 전혀 힘들지 않았다. 말하는 동안 내가 더듬거리거나 실수할 때도 주님은 용기를 주시면서, 내가 하고 있는 것이 아니라 주님이 말씀하고 계심을 확신시켜 주셨다.

주님은 또 어느 신사 한 분을 만나게 해주셨는데, 당시에는 미처 깨닫지 못했으나 그는 내 생애에 있어 아주 중요한 역할을 한 사람이었다. 크리스티 윌슨 박사를 소개받았는데, 그는 아프가니스탄 카불교회의 담임 목사로 시무하면서 주로 외국인들을 위해 사역하는 친절한 사람이었다. 우리가 그의 사역에 대하여 이야기를 나누는 동안 성령님이 이 만남을 주도하셨다는 강한 확신이 들었다.

집회를 끝내고 와마을로 돌아왔다. 또다시 나는 그 여행에, 예언적인 성격이 있었다는 것을 염두에 두지 않을 수 없었다. 하나님은 나와 함께 싱가폴로 가서서, 앞으로 나를 통해서 이루고자 하시는 당신의 사역에 관해 말씀하셨다.

아무튼, 나는 이렇게 혼자 말하곤 했다. '적어도 나는 와마을을 중심으로 해서 일하고 싶다. 여기엔 조상 대대로 물려받은 집이 있고, 그래서 편안하고 안락한 나의 안식처다.' 이곳을 필요상 가끔 떠났다가 다시 돌아올 수는 있겠지만 결코 이 안락을 빼앗기고 싶지는 않았다.

그러나 내 차가 온통 숲으로 둘러싸인 집으로 향하는 그랜드 트렁크 로오드에 들어설 때조차도 지금 배우고 있는 이유식 과정이 내 피난처를 산산히 부수뜨리며 진행되리라는 사실은 알지 못했다.

제 12 장
씨 뿌리는 때

미첼 씨 부부가 휴가를 떠난다는 슬픈 소식이 있었다. 그들이 파키스탄으로 오기까지는 어느 정도 시간이 걸릴 것 같았다.

싱가폴에 다녀온 지는 1년이 좀 지났다. 우리는 그 지역에서 전문직을 가진 소수의 남녀들과 함께 미첼 씨 거실에 둘러앉았다. 데이빗과 신노브가 떠나기 전에 마지막으로 자리를 함께 하는 모임이었다. 나는 베란다가 낮은 이 집을, 처음으로 망설이면서 찾아왔던 날을 회상하지 않을 수 없었다. 그 이후로 너무나 많은 일이 있었다. 나를 그리스도께로 가까이 이끌어 준 두 사람의 얼굴을 바라보았다. 키 큰 데이빗은 이제 흰머리까지 나 있었으며, 신실한 신노브는 나를 위하여 한결같이 기도해 준 친구였다.

"당신들이 보고 싶어 견딜 수 없을 거예요. 당신도 아시겠지만 ……." 미첼 씨 집 정원 잔디밭에 서서 내가 말했다.

"당신들과의 교제 없이 나 혼자 어떻게 신앙 생활을 해 나갈 수 있을지 걱정이에요."

"주님이 혼자 해 나가는 법을 가르쳐 주실 거예요." 신노브가 말했다. "빌퀴스, 당신도 아시겠지만 주님은 언제나 도와주는 손길을 우리를 향해 펴고 계셔요. 마침내 우리는, 끝까지 의지할 분은 주님밖에 없다는 사실을 깨닫게 되지요."

그 말은 좋게 들렸으나, 나는 아직 그런 상태에 있고 싶지 않다고 말했다. 그녀는 웃었다. "물론 그러시겠죠, 사랑하는 빌퀴스. 안락한 어머니의 태 속을 벗어나고 싶은 사람이 누가 있겠어요. 그러나 그 다음엔 모험이 시작되는 거예요."

신노브는 낡은 차에 올라타면서 문을 닫았다. 우리는 차창을 사이에 두고 한번 더 껴안았다. 미첼 씨 차가 움직이더니 먼지를 일으키며, 옛날 전시에 사령 본부였던 퇴색한 흰 건물을 지나 모퉁이를 돌아 사라졌다. 모험이 기다리고 있다고? 그건 사실이었다. 이제 나는 이 모슬렘 마을에 혼자 남은 그리스도인이었다. 혼자서 해 나갈 수 있을까?

몇 주가 지났다. 그러나 솔직하게 말하면 신노브나 오울드 씨 부부가 떠나면서 위로해 주었던 말들은 실감이 나지 않았다. 우리는 계속해서 주일 저녁에 모임을 가졌다. 모임은 우리 다섯 사람들의 집을 돌아가면서 열렸다. 그러나 오울드 씨 부부와 미첼 씨 부부의 지도 없이 진행되는 모임은 간신히 유지되는 정도였다.

어느날 저녁 내키지 않는 모임을 마친 후에 한 가지 좋은 생각이 떠올랐다. 그것은 미첼 씨 부부와 오울드 씨 부부가 하던 일을 우리도 해볼 수 있을까 하는 것이었다. '우리 그룹의 심장에 새로운 피가 흐르지 않는다면 틀림없이 퇴보하게 될 것이다.

그렇다면 무슨 좋은 수가 있어야 할텐데 ……. 우리 모임에 전혀 새로운 사람들 ─ 의사나 기술자나 선교사가 아닌 사람들 ─ 을 우리 교제에 초대하면 어떨까?' 이 아이디어가 떠오르자 가슴이 두근거렸다. 기독교인이든지 아니든지간에 청소부나 하류 계층 사람들도 모임에 초대해 보는 것이다. 모임 장소는 크고 편리해야 할테니까 우리 집을 사용하는 것이 좋을 것 같다는 제안을 내놓았다. 교우들은 처음엔 반대하다가 나중에는 미온적으로나마 동의했다. 나는 주일 저녁에 우리 집에서 예배가 있을 것이라고 직접 초대하기도 하고 소문을 퍼뜨리기도 했다.

그런데 너무나 많은 사람들이 모여드는 데에 놀라지 않을 수 없었다. 대부분이 라왈핀디에서 장시간 여행하며 찾아온 사람들이었다. 그리고 이미 예상했던 대로 모두가 기독교인은 아니었다. 기독교의 신을 찾기 위해서 온 사람들보다는 배가 고파서 온 사람들이 훨씬 더 많았다.

우리 그룹의 교우들은 리더가 되어 찬양과 기도를 인도했고 가능하면 하녀들과 일당 노동자들, 학교 교사들, 그리고 장사꾼들에게 개인적으로 복음을 증거하려고 노력했다.

곧 우리의 저녁예배 모임은 새 기운을 얻기 시작했다. 책임이란 참으로 두려운 것이었다. 모임의 리더를 맡은 우리들은 여러 시간 동안 무릎을 꿇고 기도하며, 주님의 말씀 앞에 가까이 나아가는 시간을 보냈다. 주님이 우리에게 지시하시는 방향에서 조금도 이탈하고 싶지 않았기 때문이었다. 그동안 "열매가 없는 시절"이었던 메마른 시간은 아주 갑작스럽게 변해갔다. 사람들이 회심하는 것을 실제로 지켜볼 수 있었다. 맨 처음 주님을 영접한 사람은 젊은 과부였다. 그녀는 울부짖으면서 상처와 외로움을 주님 앞에 내려놓고 자신의 삶을 주님께 드렸다. 그늘지고

174

의지할 곳 없던 여인이 소망 찬 하나님의 어린아이로 변화됨을
보는 것은 너무나 경이로운 일이었다. 그 다음으로는 근처 주유
소에서 일하는 수리공이 주께로 돌아왔고, 그 다음에 회심한 사
람은 문서정리원, 그 다음엔 청소부가 예수님을 영접했다.

이렇게 많은 사람들이 우리 집에서 주님을 영접한 사실은 자
랑스러웠으나, 가족들이 이 사실을 안다면 가문에 먹칠했다는
비난이 언제 빗발칠지 모르는 일이었다. 그러나 아직은 아무도
그렇게 말하는 사람이 없었다. 친척들은 마치 그런 일이 일어날
수 있다는 사실조차 인정하기 싫어할 것이다. 어느날 나는 테라
스에서 떨어져 약간의 부상을 당했다. 친척들이 병 문안은 오지
않았으나 전화를 걸어왔다. 그래도 그들은 최소한의 성의로 전
화를 걸어 주었던 것이다.

서서히 전개되는 그리스도인으로서의 생활에 대해서는 가족
들의 반감이 점차 누그러졌다고 하더라도 이번에는 오히려 내
안에서, 때때로 반발이 일어나고 있었다. 나는 아직도 극히 이
기적인 사람이었고, 내 땅과 정원에 대한 소유욕을 조금도 버릴
줄 몰랐다.

정원에는 집 앞 잔디밭을 가로질러 하인들의 숙소로 가는 길
이 하나 나 있었다. 이 길 한쪽에 버찌처럼 빨간 열매가 열리는
베르나무가 자라고 있었는데 미첼 씨 부부가 떠난 해 여름, 마
을의 아이들이 이 나무 열매를 따려고 내 소유지로 침입해 들어
오기 시작했다. 아이들은 아마 내가 더이상 고약한 구두쇠가 아
니라는 소문을 듣고 용기를 낸 것 같았다. 그 아이들의 시끄럽
게 떠드는 소리가 휴식 시간을 방해했다. 나는 창 밖으로 몸을
내밀어 정원사에게 아이들을 내쫓아버리라고 일렀다. 그리고 당
장에 나무를 베어버리게 했다. 이렇게 해서 그 문제는 영원히

해결된 것이다.

　그러나 나무가 쓰러진 다음에야 내가 저지른 잘못을 깨달았다. 베어진 나무와 함께 주님의 임재 안에 거했던 기쁨과 평안이 함께 쓰러졌던 것이다. 나는 이제 텅 비어버린, 오랫동안 나무가 서 있던 자리를 창가에 서서 우두커니 바라보고 있었다. 나무가 그 자리에 그대로 서 있어서, 전처럼 아이들이 기쁨의 탄성을 질러대는 소리를 들을 수 있기를 바라는 마음이 얼마나 간절해졌는지 모른다. 비로소 빌퀴스 쉬에크, 내 진정한 모습을 본 것이다. 다시 한번 전혀 변화되지 않은 고집스런 자아를 발견한 것이다. 나는 오직 주님을 통해서, 그분의 영광을 통해서만이 변화될 수 있었다.

　"오, 주님." 나는 간구했다. "주님의 빛 가운데로 다시 돌아가게 해주세요. 제발." 그때 내가 할 수 있는 일이 한 가지 떠올랐다. 그것은 여름 동안 무르익은 열매를 따서 정원에 떨어뜨려 놓는 것이었다. 그리고 바로 그 다음날 마을 아이들에게 정원에 들어와서 놀라는 개방문을 붙여 놓았다. 아이들은 정원으로 들어왔고, 나름대로 주의를 한다고는 했지만 다시 나뭇가지들은 꺾이고 꽃들은 짓밟혔다.

　"제 생각엔 주님이 그렇게 하셨다고 봅니다. 주님" 아이들이 집으로 돌아간 오후, 파손된 정원을 살피면서 주님께 말씀드렸다.

　"주님은 당신과 나 사이에 정원이 가로막고 있음을 아셨습니다. 저를 정원으로부터도 떼어놓으시려는 거죠? 주님은 정원을 다른 사람들에게 주길 원하셨습니다. 보십시오, 아이들이 얼마나 즐겁게 놀았는지. 이것은 주님의 정원입니다. 저는 아주 기쁘게 정원을 주님께 드리겠습니다. 제가 이 일을 통해 주님의 임재하심 가운데로 돌아가도록 도와주셔서 감사합니다."

나는 다시 주님의 빛 가운데로 걸을 수 있게 되었다. 그러나 다시 한번 내게는 가지치기가 필요했다. 이번에는 정원이 아닌, 내 마음에 자리잡고 있는 지난 날의 자존심이었다.

11월의 어느 추운 날 밤에 쉬고 있는데 마무드가 내 방으로 가만히 들어왔다. 그애는 이제 소년티가 났고, 자라면 쾌활하고 잘생긴 청년이 되리라는 생각이 들 정도였다.

"엄마, 어머니를 만나고 싶어하는 여자가 있어요. 아기를 안고서요."

나는 고개를 들었다. "마무드." 나는 눌잔과 라이샴에게 일렀던 말을 잊어버리고는 이렇게 말했다. "너도 이제는 여덟 살이야. 내가 이 시간에는 누구도 만나지 않는다는 것을 알잖니."

마무드가 나가자마자 나는 정신이 번쩍 들었다. 주님이라면 어떻게 하셨을까? 비록 한밤중이긴 하지만, 주님이라면 당장에 그 여자를 만나 주셨을 것이다. 나는 마무드를 다시 불렀다. 홀을 내려가던 마무드는 그리 멀지 않았으므로 내가 부르는 소리를 들을 수 있었다. 마무드는 다시 그의 갈색 얼굴을 문 안으로 들이밀었다.

"마무드. 그 여자가 원하는 게 뭐지?"

"제가 보기엔 아기가 아픈 것 같아요." 마무드가 안으로 들어오면서 말했다. 그의 눈에는 아기를 걱정하는 빛이 역력했다.

"좋아, 그러면 응접실로 모셔와." 나는 아래층으로 내려갈 준비를 차리며 말했다.

나와 마무드, 아이를 안은 여자가 함께 앉았다. 그 여자는 소작인들이 입는, 올이 성글고 다 해진 옷을 입고 있었다. 그녀는 아이의 할머니가 아닌가 싶을 정도로 골이 패인 얼굴에 길고 짙

은 갈색 눈으로 나를 쳐다보았는데, 그 얼굴은 아이의 얼굴보다
도 작아 보였다.

"내가 어떻게 도와드리면 될까요?" 여인에게 말을 건네는 동
안 내 마음은 녹아내리고 있었다.

"저는 마을에서 마님의 이야기를 들었습니다. 걸어서 여기까
지 왔어요."

여기서 12마일이나 떨어져 있는 곳에 살고 있는 그녀가 그렇
게 초췌해 보이는 것도 이상한 일은 아니었다. 나는 하녀에게
차와 샌드위치를 가져오라고 일렀다. 그녀는 이상하게 아직도
아이에게 젖을 물리고 있었다. 마을에 사는 대부분의 어머니들
은 3살이 될 때까지만 젖을 먹였다. 아이는 수정 샹들리에를 쳐
다보고 있었으나 눈에는 초점이 없었고 젖을 문 조그만 입도 움
직이지 않았다. 나는 기도해 주기 위해 아이의 머리에 손을 얹
었다. 아이의 몸은 높은 열로 뜨거웠다. 그리고 아이 엄마의 머
리에 손을 얹었을 때는 마치 내 가족처럼 여겨졌다. 내가 만일
이 소작농 여인과 비슷한 일을 당했다면, 나 역시 이처럼 두려
워했을 것이다.

내 마음은 이 가엾은 어머니와 어린아이에게 한없이 쏠렸다.
그래서 주 예수의 이름으로 아이를 치료해 주시기를 간구했다.
그리고 하녀가 들어오자 비타민을 가져다 주라고 말했다. 한 시
간 반 동안 여인은 자신의 이야기를 털어놓았다. 남편이 사고로
불구가 된 후 낳은 아기를 제대로 먹일 수가 없어서 아직도 젖
을 물리고 있다는 이야기도 했다. 이것이 가장 싸게 아이를 먹
일 수 있는 방법이었기 때문이다. 그 여인이 가려고 일어섰을
때 나는 말렸다.

"아닙니다." 내 목소리는 작았다. "아직 아니에요. 당신과 아

이가 보호받을 수 있는 길이 있는지 찾아봐야겠어요." 그렇게 말하는 순간, 차츰 신경이 예민해지기 시작했다. 만약에 커다란 정원을 가진 부자 비굼사힙이 돈을 잘 내는 사람이라는 소문이 와마을 전체의 가난한 사람들에게 퍼져 나가면 어떻게 될까? 가죽만 남고 피골이 상접한 사람들이나 병들고 절망적인 사람들이 우리 집으로 홍수처럼 밀려들면 어떻게 하나?

이런 질문들이 속에서 속살거렸지만 선택의 여지가 없음을 알았다. 나는 이미 내 자신과 내 소유의 모든 것을 주님께 드렸다.

"…… 당신 남편 역시 보살핌이 필요해요. 당신의 가족은 병원에 입원하고 건강을 위해서 제대로 된 음식을 먹어야 해요. 그리고 남편이 아직 일자리를 구하지 못했다면 ……내가 알아보겠어요."

병원비를 내 부담으로 하여 입원 수속을 밟은 다음, 그녀가 다시 찾아오기를 기다렸다. 그러나 그녀는 다시 찾아오지 않았다. 당황이 되어 하인들에게 그녀의 근황에 대해서 아는 것이 있는지를 물었다. 그들은 언제나 정보를 알아왔다. 그녀와 아기와 남편은 실제로 병원에 갔었고, 이제는 모두들 건강하다는 전갈이었다. 그녀의 남편도 취직을 했다고 한다. 이 말을 듣고 처음에는 그 여자가 돌아와 나에게 감사하지 않은 것에 대해 마음이 상했다. 그러나 주님께서 그러한 감정을 잘 다스려 주셨다. "그녀를 도우려 했던 이유는 무엇이냐? 감사를 받고 싶었느냐? 감사는 마땅히 내게로 돌려져야 하느니라."

물론 주님이 옳으셨다. 내 마음은 곧 그 여자를 돕고 싶어했던 처음의 그 마음으로 돌아갔다. 그리고 주님께 용서를 빌고 다시는 그런 올무에 걸리지 않게 해달라고 기도했다. "주님."

나는 탄식했다. "당신은 자주 올무에 걸리는 저를 건지시느라 팔이 피곤할 정도임에 틀림없습니다."

주님께 가까이 나아가는 생활에 실패하는 날들이 많아졌다. 그리고 그 실패를 반영하듯이, 나는 즉시 세속적인 일로 돌아가곤 했다. 바로 이런 것이 그리스도인들이 일반적으로 겪는 과정은 아닐까 하는 생각도 들었다. 상담할 사람이 없었으므로 이 문제를 혼자서만 끙끙 앓고 있어야 했다.

그러던 어느날 아침이었다. 눌잔이 화장실을 청소하는 동안 빨간 새 한 마리가 창틀로 푸드득 날아왔다. "오!" 나는 소리쳤다. "주님이 보내신 이 아침을 봐!"

눌잔은 내 머리를 빗기면서도 아무 말이 없었다. 나는 조금 놀랐다. 평소에 말하기를 좋아하는 눌잔이기 때문이었다. 잠시 후 그녀가 수줍어하면서 말했다. "비굼사힙, 마님이 주님에 대해 말씀하시기 시작한 때부터 얼마나 많이 변하신 줄 아세요?"

그날 오후에 나는 이슬라마바드의 기독교 서점에서 성경 몇 권을 더 주문했다. 이 주문한 성경들은 어린이를 위해 특별히 제작된 것이었다. 마무드 덕분에 이 성경의 유용성을 알게 되었는데, 하인들도 집 주변에서 일하다가 삽화가 들어 있는 이 밝은 표지의 작은 책자들을 펴보느라 시간 가는 줄 몰랐다. 성경책이 도착하자, 나는 눌잔에게 줄 성경책 한 권을 특별히 골라 놓았다. 그러던 어느날 그녀가 다가와 은밀하게 비밀을 고백할 때 나는 기쁨의 탄성을 지르지 않을 수 없었다.

"비굼사힙." 눌잔은 통통한 얼굴에 너무 기뻐 견딜 수 없다는 표정을 지으며 말했다. "마님께 드릴 말씀이 있어요. 마님이 자주 말씀해 주셨죠? 예수님을 진정으로 알고 싶다면, 마음속에 들어오시도록 기도하면 된다고 가르쳐 주셨던 일을 기억하세요?" 이 말을 하면서 그녀는 울음을 터뜨렸다. "저에게 그 일이 일어났어요. 비굼사힙, 주님이 내 안에 들어오셨어요. 저는 이제까지 살아오는 동안 이런 사랑을 느껴 본 적이 없었어요."

처음에는 내 귀를 의심했다. 그러나 곧바로 팔을 벌려서 그녀를 끌어안았다. 우리는 껴안은 채 노래부르며 왈츠를 추면서 방안을 빙글빙글 돌았다. "정말 놀랍구나, 눌잔. 이제 우리 집안에 그리스도인은 세 명이 된 거야. 너와 라이샵 그리고 나. 이건 정말 크게 축하해야 할 일이다."

라이샵과 눌잔과 나, 이렇게 우리 셋은 함께 차를 마셨다. 하인들과 차를 마시는 것이 이번이 처음은 아니었지만, 아직도 내게는 익숙한 일이 아니었다. 셋이 함께 차와 케이크를 맛있게 먹으면서 오랜 친구처럼 수다를 떠는 동안 사실은 내심 놀라고 있었다. 부유한 세상을 피해 은둔 생활을 하러 이 오래된 집을 찾아온 여자에게 무슨 일이 일어나고 있는 것일까? 그 여자가 지금 하녀들과 함께 앉아 떠들고 있는 것이다. 친척들이 이 사실을 안다면 아연 실색할 것이다. 오랜 친구들과 가족들 또한 그럴 것이다. 나는 하녀들에게 성질대로 퍼붓고 날카롭게 명령하면서, 마음속의 좌절감을 그런 식으로 폭발하던 때를 생각해 보았다. 의자 깔개가 먼지에 싸인 것을 발견했다든가 부엌에서 하인들이 큰소리로 수다를 떤다거나, 또 점심 준비가 지체될 때는 어김없이 모든 하인들에게 벌을 주었었다. 그런데 주님은 그런 나를 변화시켜 주셨고, 나는 이제 좌절감 대신 그분의 친구로서 큰 만족감을 느낄 수 있었다.

성자가 되려고 했던 것은 아니었다. 그러나 예수 그리스도의 제자로 예수의 이름을 더럽히는 어떤 행동도 용납되지 않는다는 것을 배우기 시작했다. 그리고 주님은 말로 그리스도에 대하여 증거하는 것보다 그리스도의 제자다운 행실이 더 큰 웅변력을 갖고 있음을 가르쳐 주셨다.

그러던 어느 주일 저녁 모임에서 한 가지 이상한 점을 발견했다. 우리와 함께 모이는 12명의 주민들 사이에 눌잔의 모습이 보이지 않는 것이었다. 어떻게 된 걸까? 어느날 오후 그녀가 머리를 다 빗겨 준 후에 잠시 남으라고 이르고는 이번 주일 저녁예배 모임에 참석하지 않겠느냐고 물었었다.

"하지만, 비굼." 하며 눌잔은 깜짝 놀라 창백한 얼굴로 말했다. "저는 모임에 참석하거나 내게 일어난 일을 공개할 수는 없어요. 제 남편은 모슬렘 열성 교도이고 우리에겐 네 명의 아이들이 있어요. 내가 그리스도인이 되었다고 말하면 그는 나를 쫓아내 버릴 거예요."

"그러나 너는 네 신앙을 선언해야 해. 그 외에 다른 방법은 없다." 나는 단호하게 주장했다.

그때 눌잔은 불편한 얼굴로 나를 응시하더니, 머리를 흔들며 뭐라고 중얼거리면서 나갔었다. 나는 "그렇다면 할 수 없구나"라고 말할 수도 있었는데 ······.

며칠이 지나서, 성가병원에서 알게 된 룻 수녀원장을 만났다. 그녀와의 대화는 언제나 유쾌했다. 수녀원장은 파키스탄에 숨은 신자가 많이 있다고 말했다. "숨은 신자라구요?" 나는 소리쳤다.

"어떻게 그럴 수 있는지 모르겠군요. 진정한 신자라면 왜 그 소식을 큰소리로 선포하지 않죠?" 그때 룻 수녀는 이렇게 말했다. "니고데모를 봐요."

"니고데모요?"

"그는 숨은 신자였어요. 요한복음 3장을 보세요."

나는 성경을 펴고 이 바리새인이 주님의 나라에 대해 알고 싶어서 한밤중에 예수를 찾아온 부분을 읽었다. 이 감동적인 장을 여러 번 읽었었지만 그때까지도 니고데모가 숨은 신자였다는 사실은 깨닫지 못했었다.

"아마 훗날 니고데모는 자기의 신앙을 드러냈을 거예요." 수녀원장은 말했다.

"그런데 성경에는 그가 자신의 동료인 바리새인들이 알아채지 못하도록 주의하는 부분만 나와 있죠."

다음날 내 방으로 눌잔을 불러서는 니고데모에 관한 말씀을 읽어 주면서 말했다.

"너를 초조하게 만들어서 미안하구나. 주님이 정하신 때에 너의 신앙을 선포할 수 있을 거야. 그때까지 주님의 인도하심에 하나 둘 순종하며 따라가면 돼."

그 이후로 눌잔의 얼굴은 밝아졌다. 그녀가 행복한 듯이 콧노래를 부르며 일하는 것을 지켜보면서 나는 기도했다. "옳은 일을 했기를 바랍니다. 주님. 언제라도 판단하는 위치에 저 자신을 올려놓지 않도록 주의해야 할 것 같습니다."

그리고 며칠이 지나지 않아서, 이 나라에서 그리스도인이 되기란 얼마나 어려운 일인지를 내 자신이 직접 겪게 되었다.

어느날 오후 전화벨이 울렸다. 친척들 중에서도 나에게 특별히 과격한 반응을 보이던 삼촌이었다. 가족들의 배척은 차츰 누그러지고 있음에도 이 삼촌은 전혀 그렇지가 않았다. 수화기를 통해서 들려오는 그의 목소리는 날카로웠다.

"빌퀴스?"

"예."

"네가 다른 사람들까지 타락하도록 만들고 있다면서? 진실한 신앙에서 빗나가도록 말이다."

"삼촌, 그것은 관점의 차이겠죠."

나는 그의 목소리만 듣고도, 성이 나서 붉게 달아오른 얼굴을 상상할 수 있었다. "또다시 다른 사람들을 끌어들이지 마라. 그것이 너를 위한 길이야. 너는 곧 그만두지 않을 수 없게 될 것이다. 빌퀴스."

"삼촌, 염려해 주셔서 감사합니다만, 한 가지 상기시켜 드릴게 있군요. 삼촌도 삼촌대로의 삶이 있듯이 제게는 제 생활 방식이 있어요."

그러던 바로 다음날이었다. 투니를 만나고 집으로 돌아오는 길이었는데 어떤 남자가 길 한가운데 서서 우리 차를 세우려고 했다. 새로 고용된 운전사는 내가 길에서 차를 태워달라고 손짓하는 사람들에게 관용을 베푸는 것에 대해 이미 알고 있었다. 그러나 그는 차를 세우려 들지 않았다.

"차를 세우면 안돼요, 마님." 그가 무엇인가 결심한 듯이 말했다. 운전사가 그 남자를 피해 차를 반대 방향으로 돌리자 도로 가장자리에 타이어가 세차게 미끄러지는 소리가 났다.

"무슨 뜻인가?" 나는 좌석 앞으로 머리를 내밀며 물었다. "자네는 저 남자가 차를 타고 싶어서 그러는 걸로 생각치 않나 ……?"

"마님 ……."

"응?"

"마님 그건 저 ……." 그는 입을 다물어 버렸다. 그리고 그 후 어떤 질문도 그의 입을 열게 하지 못했다.

그로부터 일 주일 후에야 비로소 그 이유를 알게 되었다. 오후에 휴식을 취하고 있었는데 한 하녀가 내 방으로 살며시 들어왔다. 그녀도 모슬렘이었다. 그녀는 방문을 닫고 조용히 입을 열었다. "너무 염려하지 않으시길 바래요." 그녀가 낮은 목소리로 계속 속삭였다.

"저는 단지 조심하시란 말씀을 드리러 왔어요. 어제 제 오빠가 라왈핀디의 회교사원에 있었는데, 열성파 청년들이 마님이 하시고 계신 일로 인한 피해에 대해 말하기 시작했대요. 그러면서 마님이 입을 다무시도록 무슨 조처를 취해야겠다고 했대요."

그녀의 목소리가 떨리고 있었다.

"오, 비굼사힙. 꼭 그렇게 드러내어 일하셔야 하나요? 우리는 마님과 마무드가 걱정이 돼요." 그 순간 심장이 뛰었다. 이제야 비로소, 이 땅에서는 숨은 신자로 있는 것이 최선의 방법일지도 모른다는 생각이 들었다. 이 땅에서의 예수는 저주와 증오의 대상인 것이다.

제 13 장
폭풍의 전조

    나를 위협하려는 사람들이 있다는 소문을 들은 지 두 달이 지났다. 그동안 몇 명의 청년들로부터 적의에 찬 눈초리를 받은 것 외에는 별다른 일이 없었다. 그래서 나는 그 경고가 근거없는 것일지도 모른다는 생각까지 하게 되었다.

    또다시 크리스마스가 찾아왔다. 이제 내가 베들레헴의 말구유에서 태어난 예수님을 안 지는 여러 해가 지났다. 그동안 몇몇의 친척들이 나를 자연스럽게 찾아오기는 했지만, 아직도 나와 친척들 사이가 긴장 상태임을 일깨워 주는 삼촌의 전화 또한 가끔 걸려왔다. 나는 친척들과의 단절된 관계가 회복될 만한 계기가 있어야 될 것 같아서, 친척들과 친구들을 위한 만찬 파티를 생각하게 되었다.

    초대할 손님들의 명단을 세심하게 작성하여, 다음날 아침 초대장을 보내려고 그 명단을 성경책 속에 끼워 넣고는 잠이 들었다. 그러나 그 일은 시행되지 못했다.

다음날 아침에 명단을 꺼내려고 성경을 펴자, 거기 한 구절에 초점이 맞추어져서 읽게 되었다. 도저히 믿기지 않는 일이었다.

네가 점심이나 저녁이나 베풀거든 벗이나 형제나 친 척이나 부한 이웃을 청하지 말라 두렵건대 그 사람들이 너를 도로 청하여 네게 갚음이 될까 하라 잔치를 배설하 거든 차라리 가난한 자들과 병신들과 저는 자들과 소경 들을 청하라 그리하면 저희가 갚을 것이 없는고로 네게 복이 되리니 이는 의인들의 부활시에 네가 갚음을 받겠 음이니라(눅14:12-14).

"주님, 저에게 주시는 말씀입니까?" 나는 한 손에는 성경을 들고 다른 한 손에는 명단을 들고 망설였다. 분명히 내 친척들 과 이웃들과 친구들은 부유한 자들이었다. 그렇다면 이것은 모 슬렘과 기독교인의 만남이 될 수 있는 기회라고 자인했다. 그러 나 사실은 자존심이 고개를 쳐들고 있었다. 나는 가족들에게 아 직도 상류층 친구들이 곁에 있다는 사실을 과시하고 싶었던 것 이다. 곧 명단을 구겨 버렸다. 그 대신 성경 말씀대로 정확하게 실행했다. 과부, 고아, 실업자, 그리고 마을의 가난한 사람들의 명단을 작성하여 크리스마스 만찬에 초대했다. 그 명단에는 거지 까지도 포함되어 있었다. 그리고 직접 초대장을 만들어서 하인들 을 통하여 전해 주었다. 이 소식은 호외처럼 빠르게 퍼져 나가, 오래 지나지 않아 하인들은 전주민들이 참석하려 한다는 소식을 가지고 돌아왔고 그 순간 나는 불안해졌다. '그들 모두가 온다 고?' 나는 최근에 거실에 깔아 놓은, 손으로 짠 페르시아 실크 양탄자가 생각났다. '어쩌면 좋지?' 만찬시에는 새 양탄자를 밟히지 않도록 한쪽으로 치워 놓아야겠다는 생각이 들었다.

우리는 만찬을 준비하기 시작했다. 그 열기는 여덟 살짜리 마무드에게도 전염되어, 만찬에 온 사람들에게 줄 선물 모으는 일을 도와주었다. 우리는 남자아이들에게 줄 만한 모직 셔츠와 여자아이들에게 어울릴 만한 밝은 색깔의 옷, 그리고 빨강, 핑크, 자주 배색이 들어가서 아주머니에게 주면 될 것 같은 옷감, 따뜻하게 지어진 남자 바지, 어린이들에게 줄 목도리와 신발 등을 포장해 놓았다. 하녀들과 함께 이렇게 포장된 선물들을 은색 리본으로 묶으면서 며칠을 보냈다.

그러던 어느날 초인종 소리가 났다. 문을 열었더니 밖에는 와마을에서 온 여자들이 서 있었다. 그들은 한결같이 일을 돕고 싶어서 왔다고 했다.

"돈을 바라고 온 것이 아닙니다요, 마님." 그들의 대변인이라도 되듯이 한 남자가 설명했다. "우리는 그저 만찬 준비를 도와 드리고 싶을 따름입니다."

갑자기 크리스마스 축하 파티가 마을 행사처럼 되어버렸다. 나는 실내 장식에 쓰려고 등을 주문했다. 파키스탄의 일부 지역에서는 아직도 도기 등을 쓰는 것이 보편적인 일이었다. 그래서 500개를 주문했다. 그리고 마을 여자들을 집으로 오게 하여 면사를 꼬아 심지를 만들었다. 이렇게 함께 일하면서, 그리스도에 대하여 자연스럽게 말할 수 있는 기회가 조성되었다. 집안 곳곳에 등을 놓으면서 지혜로운 다섯 처녀와 어리석은 다섯 처녀에 관해서고 이야기해 주었다.

음식 마련 또한 좋은 기회가 되었다. 마을 여자들은 와서 파키스탄의 전통적인 과자와 얇게 썬 아몬드, 맛있는 다과류를 준비하는 일을 도왔다. 그리고 은종이를 얇게 벗겨내서 사탕절임에 꽂아 놓을 색색가지 꽃장식도 만들었다.

드디어 12월 24일이 되었다. 주민들이 하나 둘 도착하기 시작했다. 그들은 끊이지 않고 계속 밀려왔으며, 파티는 앞으로도 일 주일은 더 계속 해야 끝날 수 있을 것 같았다. 난간과 문지방, 그리고 틈마다 장식으로 놓아둔 등이 너무도 아름다왔다. 마무드는 신나게 마을 아이들과 놀았다. 마무드와 아이들의 눈빛이 유난히 반짝거렸다. 마을 아이들의 탄성과 웃음소리가 온 집안에 가득 차고, 마무드는 가끔 요청거리를 가지고 왔다.

"엄마." 그는 말했다. "밖에 다섯 명이나 되는 아이들이 기다리고 있어요. 데리고 들어와도 돼요?"

"물론이지." 나는 웃으면서 아이의 등을 토닥거려 주었다. 그때 우리집에 모인 아이들은 와마을에 사는 모든 아이들보다 훨씬 더 많은 수가 모인 것만 같았다. 주민들에게 그리스도께서 이런 방법으로 서로를 대접하라고 하셨다는 말을 할 때면 그들의 반응은 "그분이 정말 우리 같은 사람들과 함께 하실까요?"라고 묻곤 했었다.

"그럼요. 오늘 우리가 다른 사람들을 대접하는 것이 바로 주님을 대접하는 것입니다." 나는 그들에게 말했다.

마침내 축제는 끝났다. 나는 의자에 풀썩 주저앉았다. 아이에 대해서도 더이상 걱정할 필요가 없었다. 마무드는 이미 의자에 앉아서 자고 있었다. 나는 안도의 한숨을 쉬며 하나님께 여쭈었다. "제가 이 일을 하기를 원하신 것입니까?"

"그렇다" 하시는 부드러운 주님의 음성을 들을 수 있었다. 그리고 나서 한 가지 잊어버린 일이 생각났다. 새 페르시아 양탄자를 치워 놓지 않은 것이다. 그러나 양탄자는 아직 괜찮아

보였다.

많은 가난한 사람들이 그때의 파티를 결코 잊지 못할 것이다. 한 달쯤 후 하녀를 통해 와마을에서 치러진 어느 장례식에 관한 이야기를 듣게 되었다. 그곳에서 어느 물라(회교의 율법학자)의 처가, 내가 신앙을 버린 것에 대하여 큰소리로 떠벌리자 듣고 있던 어떤 사람이 이렇게 말했다고 한다.

"그후 비굼사힙을 만나 보신 적이 있습니까? 그리스도인이 된 후에 그녀가 한 일을 당신도 해본 적이 있는지 궁금하군요. 당신이 하나님에 대해서 진정으로 배우고 싶다면 비굼사힙을 한번 만나 보시는 것이 어떻겠습니까?"

그러나 이 이야기에는 다른 측면이 있었다. 와마을에는 우리 집에서 열었던 크리스마스 축제에 대해 좋게 여기지 않는 세력이 있다는 것을 알게 된 것이다.

"비굼사힙." 어느날 정원에서 일하던 나이 많은 하인이 나를 불러 세웠다. 그는 손으로 이마를 문지르며 어렵게 말을 꺼냈다. "잠시 시간을 내주실 수 있으시겠습니까?"

"물론이죠."

"비굼사힙. 저 …… 마을에서 마님에 대한 소문이 있는 것을 짐작하고 계실 겁니다. 어떤 사람이, 사힙 마님이 문제라고 말했습죠. 마을에서는 마님에게 무슨 조치를 취해야 한다고 말하는 사람도 있습니다요."

"나에게요?" 정말 깜짝 놀랐다. "이해가 되지 않는군요."

"저 역시 이해가 안됩니다만, 사힙 마님. 전 단지 마님이 아셔야 할 것 같아서 ……."

이같은 경고가 어떤 때는 잇따라서, 또 어떤 때는 몇 달 만에 한번씩 퍼지더니, 그 다음해에는 점차 규칙적으로 강하게 들려왔다. 하나님께서 내가 어려운 시절을 잘 견딜 수 있도록 준비시키시는 것만 같았다. 어느날 마을에서 세 명의 어린 소년들이 놀러왔다. 후일에야 하나님이 작은 아이들을 시켜 우리집에 심부름을 보내셨다는 사실을 깨닫게 되었다. 그 아이들은 위험에 대한 경고를 마무드에게 말해 주었다. 그때 마무드는 온몸을 떨며 공포에 질린 눈으로 내게 말했다.

"엄마, 내 친구들이 뭐라고 말하는지 아세요? 마을 사람들이 엄마를 죽일 음모를 꾸미고 있대요. 금요일 후에 할거래요." 마무드는 엉엉 울기 시작했다.

"엄마가 죽으면 나도 죽을래요."

내가 무엇을 할 수 있겠는가? 나는 여덟 살 난 아이를 팔에 안고 헝클어진 검은 머리를 쓰다듬어 주면서 우선 안심시켰다.

"아가, 엄마가 이야기 하나 해줄게." 나는 예수님이 처음으로 나사렛에서 강론하셨을 때 화난 군중들이 예수님을 돌로 치려 했던 이야기를 해줬다.

"마무드." 나는 계속해서 말했다. "그러나 예수님은 그들 사이로 지나가셨단다. 하나님께서 허락하시지 않았기 때문에 어느 누구도 예수님이 다 지나가시기까지는 돌로 칠 수 없었던 거야. 그리고 너와 내게도 마찬가지야. 우리는 주님의 완전한 보호를 받고 있단다. 그 사실을 믿니?"

"그러면 우리는 절대로 어떤 위험이나 해도 받지 않는다는 뜻인가요?"

"아니, 그런 뜻은 아니야. 예수님은 해를 입으셨단다. 하지만 주님의 때가 차기까지는 해를 입지 않으셨어. 그러니까 우리가 항상 무슨 일이 일어날지도 모른다는 두려움으로 살 필요는 없다는 거야. 왜냐하면 하나님이 허락하시기 전까지는 절대로 그런 일이 일어나지 않기 때문이지. 우리는 그저 기다리고 지켜보기만 하면 되는 거야. 그러나 그냥 기다리기만 하는 것이 아니라 하나님을 신뢰하는 가운데 기다리며 사는 거야. 이해하겠니?"

나를 바라보고 있던 마무드의 눈동자가 어느덧 평온을 되찾고 있었다. 그애는 기분 좋은 듯이 소리까지 지르며 밖으로 뛰어나갔다. 내가 마무드에게 들려준 말은, 사실은 나의 질문에 대해 주님께서 주실 수 있는 최선의 답이었다.

나는 '내가 확신하고 있는 것만을 말할 걸' 하는 후회를 했다. 그렇다고 마무드에게 이야기해 준 것을 믿지 못하는 것은 아니었다. 그러나 문제는 내 신앙이 아직 어린아이의 단순한 신앙 같지 않다는 데에 있었다. 나는 자리에서 일어나 성경을 가지고 정원으로 나갔다. 그 당시 내 마음은, 솔직히 말하면 상쾌하지 못했다 어떻게 감히 나를 내 땅에서 끌어낼 수 있단 말인가! 하고 …….

가을 날씨가 서늘하고 건조했다. 천천히 자갈길을 따라 내려가자 물고기 한 마리가 개울물에서 물을 튀기며 헤엄치는 소리와 그리 멀지 않은 곳에서 새 지저귀는 소리가 들렸다. 국화와 아직 남아 있는 여름꽃들이 가을로 접어든 정원길에 그나마 생기를 주고 있었다. 나는 상쾌한 공기를 실컷 마셨다.

'여기는 내 땅이다. 내 나라 사람들이 있는 내 조국이다. 우리 가문은 700여 년 동안이나 이 국가를 섬겨왔다. 이곳은 나의 고향이다. 나는 떠날 수 없다. 나는 절대 떠나지 않겠다.'

그러나 내 힘이 미치지 않는 곳에서 이미 사건들은 진행되고 있었다. 그리고 그 사건들은 끝까지 고향에 머물겠다던 나의 고

집스런 결정에 타격을 안겨 주었다.

내가 회심한 지 4년이 지난 1970년 12월, 파키스탄에서는 처음으로 1인 1투표 선거가 있었다. 그해의 선거는 인민당이 이길 기세였다. 내게는 결코 좋은 소식이 될 수 없었다. 높은 지위에 있는 친구들 중에도 이 당에 속해 있는 사람은 역시 없었다.

"우리의 신앙은 이슬람교, 우리 정치는 민주주의, 우리 경제는 사회주의." 이것이 신당의 슬로건이었다. 이 슬로건은 중하류층의 사람들에게 인기를 살 만한 것이었다. 파키스탄의 평범한 사람들이 이 슬로건에서 권력에 대한 새로운 느낌을 받는다는 것을 짐작할 수 있었다. 이러한 흐름이 내게는 다행일까? 어쩌면 새로운 사람이 된 나로서는 다행일 수도 있었다. 그러나 그것은 상당한 위험을 내포하고 있었다. 정부는 모슬렘 광신도들을 뒷받침하겠다는 확고한 정책을 걸어 열성 신자들의 지지를 받으려고 했다. 광신도들은 곧, 소위 영웅적인 위업을 시작하려고 했다. 내 가문의 명성은 말할 것도 없이 민주주의 방식이 아니었다. 그렇다고 사회주의는 더욱더 우리 가문의 전통과 맞지 않았다. 그렇다면 이슬람교는? 현재의 나는 배교자였다.

그런 압력들은 어느 정도의 간격을 두고 나를 따라왔다. 그런데, 어느날 아버지의 친구분으로 오랫동안 정치에 몸담아 오신 분이 사다르에서 오셨다. 그분은 내가 개종한 사실에 무척 실망하셨으나 여전히 따뜻하게 대해 주셨다. 가끔 그분은 내가 어떻게 지내는지 전화를 주시거나 직접 찾아오시기도 했다.

그분은 나와 함께 응접실 하얀 실크 소파에 앉아서 차를 마시고 있었다. "빌퀴스" 낮은 목소리로 나를 불렀다. "지금 일어나고 있는 일들이 네게도 영향을 미칠까 두렵지 않니?"

"파키스탄 인민당에 대해서 말씀하시는 건가요?"

"물론 그들은 선거에서 우세하게 앞질렀어. 줄피카르 알리 부토(Zulfikar Ali Bhutto)에 관해 얼마나 알지?"

"그에 관해서는 잘 알아요."

"요즈음에 신문 좀 읽어 봤니? 아니라면 라디오를 듣거나?"

"아니요, 제게 그럴 만한 시간이 없다는 것을 아시잖아요."

"충고하겠는데, 시간을 내도록 해라. 정치 상황은 변했다. 난 네가 전 대통령을 믿은 것처럼 그를 믿을 수 있을지 의심스럽다." 그리고는 이렇게 덧붙여 말했다. "얘야, 너는 지금까지 상류 사회에서 누렸던 특권들을 잃게 될거야. 그런 시대는 이제 막을 내렸어."

한 시간 반씀 후 그분을 찻길까지 바래다 드리고는 돌아와 응접실을 치우라고 하녀를 불렀다. 그분이 찾아온 것을 보면 무슨 일인가 일어난 것임에 틀림없었다. 주님께서는 아버지의 옛 친구분을 통해서 위험에 대비하라고 주의를 주신 것 같았다. 내가 의지할 만한 친구들은 모두 세력을 잃었다. 이제 나는 전적으로 하나님만 의지하는 법을 배워야 했다.

그리 오래지 않아 나는 노골적으로 적대시되었다. 와마을의 거리를 지날 때 나를 쳐다보는 사람들의 눈초리가 예전과 달리 증오로 차 있었다. 재산세에 대하여 나와 상담하던 하급 관리의 달라진 태도는 정말 충격적이었다. 전에는 허리를 굽신굽신하며 아첨을 떨던 사람이 드러내 놓고 적의를 표시했다. 그는 또박또박 끊어 빠른 어조로 말하면서, 나를 업신여기듯이 세금 용지를 내 앞으로 아무렇게나 내던졌다. 또 한번은 집 밖으로 난 길을 따라 산책하고 있었는데, 언제나 길에서 만나면 인사말을 걸곤 하던 사람이 저 앞에서 오고 있었는데도, 왠지 그의 태도가 전과 같지 않은 것을 금세 알아차렸다. 그는 나를 보자 재빨리 고개를 돌리고 외면하더니 급기야 내가 그의 옆을 스쳐 지나갈 때쯤에는 지평선만 열심히 바라보면서 걸어갔다. 나는 속으로 웃었다.

"주님, 우리 모두가 얼마나 유치한 사람들인지 모릅니다."

재미있는 것은 새 정부가 우리집 하인들에게도 영향을 미친 일이었다. 눌잔은 아직 예수님과 동행하는 새로운 삶을 조용히 즐기고 있었다. 라이샴과 몇 안되는 기독교인 하인들을 제외하고 나머지 하인들은 모두 마호메트를 열심히 추종하는 충성스런 신도들이었다. 모슬렘 하인들과 나 사이의 관계는 가식적인 것이었다. 모슬렘 하인들은 여러 번 침실로 살며시 들어와서 말했다.

"저, 사힙 마님 ……. 만일 마님이 떠나신다면 …… 아니 떠나시기로 결정하신다면 …… 저희에 대해서는 염려하지 마십시오. 우리는 일자리를 구할테니까요." 이처럼 불과 4년 만에 세상이 달라진 것이었다.

꿈 역시, 그 당시 위험한 상황들을 예시하는 데 한 몫을 했다. 꿈은 항상 내가 그리스도인으로서 겪은 체험 중의 일부였다. 내가 처음 예수님을 만난 날, 그분은 꿈 속에서 나와 한 식탁에 앉아 식사를 하셨다. 바울이 꿈을 통해 자신의 나아갈 방향을 결정한 때가 있듯이, 내게 있어서 앞일을 예시하는 꿈의 활동은 더욱 활발해졌다.

어느날 밤, 나는 광속과 같은 빠른 속도로 해양을 건너가고 있었다. 그전에도 미국에 가본 적은 없지만, 그곳은 뉴잉글랜드 같았다. 나는 어느 집 앞에 서 있었는데, 그 집은 환자를 돌보는 곳이었다. 거기서 나는 똑같이 생긴 두 개의 침대가 나란히

놓여 있는 방으로 들어갔다. 한 중년 여자가 누워 있었다. 그녀
는 짧은 머리에 얼굴이 둥글고 푸른 눈을 가진 여인이었다. 그
침대는 흰 면포가 삼각으로 덮여 있었고, 그녀는 몹시 아파 보
였다. 내가 보기엔 암인 것 같았다. 한 간호원이 곁에 앉아서
책을 읽고 있었다. 그때 그 방안의 한쪽에 서 계신 주님을 보았
다. 나는 주님 앞에 무릎을 꿇고 내가 해야 할 일을 물었다.

"저 여자를 위해 기도해라." 주님이 말씀하셨다. 그래서 나는
그 여자의 침대 곁으로 다가가서 그녀의 치유를 위해 간절히 기
도했다.

아침에 어젯밤 바다를 건넜던 꿈을 생각하며 창가에 앉아 있
었다. 주님은 왜 나에게 그녀를 위해 기도하라고 하셨을까? 주
님이 바로 그 자리에 계시면서도 나에게 기도하라고 하셨다. 나
는 아주 중요한 계시를 어렴풋이나마 깨닫기 시작했다. 우리 기
도가 우리 주님께는 아주 중요한 것이었다. 주님은 기도를 통해
서 일하시는 것이다. 그래서 야고보서 5장 15, 16절에 다음과 같
이 말씀하고 있다.

> 믿음의 기도는 병든 자를 구원하리니 주께서 저를 일
> 으키시리라 혹시 죄를 범하였을지라도 사하심을 얻으리
> 라 …… 의인의 간구는 역사하는 힘이 많으니라.

따라서 기도는, 우리가 위해서 간구하는 사람을 고통에서 자
유케 하는 능력인 것이다.

또 한번은 꿈에 내가 여행길에 오르는 것을 보았다. 그때 나

는 배의 부두로 이어지는 다리 위에 있었는데, 그 길은 어느 방
으로 연결되어 있었다. 그리고 그 방에는 그리스도께서 서 계셨
다. 주님은 내게 뭔가를 지시하셨고, 이에 나는 트랩을 걸어 내
려갔다. 그리고 트랩 끝에는 한 숙녀가 기다리고 있었는데, 그
녀는 서양식 치마와 재킷을 입고 있었다. 그녀는 나를 기다리고
있었던 것처럼 보였다. 문득 그녀가 다가와서는 내 팔장을 끼고
어딘가로 데려가고 있었다. "우리가 어디로 가는 거지요. 주
님?" 내가 어깨 너머로 물었으나 주님은 말씀해 주시지 않았다.

그 꿈은 내가 다시 여행하게 될 것을 암시하는 것 같다고 생
각되었다. 행선지는 알 수 없지만 예수님은 그 여정을 지켜보고
계시리라. 그 꿈을 통해 이미 마음의 준비를 하고 있었으므로
옛 친구로부터 뉴스를 듣고도 놀라지 않았다.

1971년 3월, 부토가 대통령이 된 지 몇 달이 지났을 때였다.
나는 오랜 친구인 야쿱의 방문을 받았다. 그는 정치가로 수년
동안 우리 집안과 가깝게 지냈었다. 남편이 장관으로 임직할 당
시, 파키스탄은 심각한 무역 불균형으로 경제가 어려웠던 적이
있었다. 그때 야쿱과 함께 자활책인 "단순 생활 방식(Simple
Living Plan)"을 전개하는 일에 힘썼었다. 그 정책의 기본 이념
은 우리 스스로 필수품을 만들 수 있도록 파키스탄 공업 개발에
주력하고 수입품은 줄이자는 것이었다.

우리는 위성도시에 소규모 공장과 가내공업을 일으켰다. 지
방에 있는 사람들에게 직접 천을 짜도록 한 다음 의복을 생산하
도록 장려했다. 그리고 우리 자신도 자진해서 그 정책에 따라
손으로 짠 옷을 입었다. 단순 생활 방식의 결과는 기대 이상으
로 성공적이었다. 지방 공장들이 번창하기 시작하면서 파키스탄

의 경제 상태는 호전되었다. 야쿱은 기회가 있을 때마다 정책과
세계 정세에 대하여 논의하러 찾아오곤 했었다. 그는 파키스탄
도처에 있는 우리 가족의 소유지를 구경한 적이 있으므로 우리
재산에 대해서는 익히 알고 있었고, 우리의 전재산이 실제로는
부동산에 묶여 있다는 것까지도 알고 있었다.

"빌퀴스." 그는 민망하다는 듯이 말했다. "일부 친구들과 의
논했는데 …… 당신의 재산 문제를 놓고 말입니다. 땅을 팔
생각은 없으십니까? 당신 재산이 모두 부동산에 묶여 있어서 안
전할 수 있을지 의심스러워요. 부토 대통령은 토지를 재편성할
작정이니 말입니다."

야쿱은 나를 걱정해서 해준 말이었으나 그 일은 모험이 아닐
수 없었다. 옛 지배 계급에 대한 적대 행위는 날로 심해졌으므
로, 내 집 밖에 세워둔 그의 정부관리 차만으로도 쉽게 비판받
을 만한 죄목이 될 수 있었다.

"고마와요, 야쿱." 나는 목소리를 가라앉히려고 노력하면서
말했다. "그러나 현상태로 있기로 결정했어요. 어떤 것도, 그
어떤 것도 절대로 나를 쫓아낼 수는 없어요."

물론 그것은 철없는 소리였다. 예전의 내 오만하고 완고한
성격이 다시 드러난 것이다. 그러나 내 친구는 전혀 놀라지 않
았다.

"예상한 대로군요, 빌퀴스." 야쿱은 콧수염을 만지면서 웃었
다. "그러나, 파키스탄을 떠나고 싶을 때가 올 겁니다. 그때 도
움이 필요하시면 ……."

"그럴 때가 온다면, 당신의 제안을 틀림없이 기억하도록 하
죠. 어쨌든 고마와요."

그런데 이번에는 라이샴이 꿈을 꾸었다. 평소에 그렇게도 속

마음을 털어놓지 않던 라이샴이 "오, 비굼사힙 " 하고 외치며 내 침실 옆에 커다란 몸을 굽혀 무릎을 꿇었다. 내가 주님을 만났던 그 추운 날 밤, 나도 바로 그 자리에서 무릎을 꿇었었다.

"무서운 꿈을 꿨어요. 마님께 말씀드려도 될까요?"

"물론이야."

나는 가만히 귀를 기울였다. 라이샴은 꿈에 어떤 악한 사람이 집으로 들어와 나를 죄인처럼 체포하려고 했다고 말했다. "저는 그들과 막 싸웠어요." 그녀는 소리쳤다. "마님께 빨리 도망가시라고 막 소리쳤어요. 그런 다음 마님이 집 밖으로 달아나시는 것을 보았어요."

그 하녀의 진한 갈색 눈이 눈물로 젖어 있었다. 그녀를 위로할 사람은 바로 나였다. 이제 나에겐 그것이 그렇게 어려운 일이 아니었다. 나는 진지하게 말을 꺼내면서, 사실은 내 자신이 마음을 정리하고 있음을 깨달았다.

"라이샴. 나는 요즈음, 주님은 내가 도망치기를 원하시는지도 모른다는 생각을 할 때가 있었다. 그런 일은 실제로 일어날 수도 있고. 처음에는 받아들이기를 거부했지만 말야. 그러나 지금은 다시 숙고하고 있어. 그래, 나는 도망치게 될지도 몰라."

나는 그녀의 창백한 얼굴을 들어 올리면서 웃었다. "그러나 도망간다면, 그건 주님이 정하신 때일 거야. 나는 이 현실을 받아들이는 법을 배우고 있단다. 놀랍지?"

가엾은 라이샴은 가만히 듣고만 있었다. 그리고는 마침내 말을 꺼냈다.

"정말 놀라운 방법으로 살고 계시는군요. 사힙 마님."

"정말이야. 나는 내 고집대로 살지 않기로 했어."

나는 자신이 한 말을 믿었으나, 젊은 하녀가 방을 나가자 **말**

한 것 만큼 내 고집이 잘 다스려지지 않고 있음을 깨닫고 말았다. 도망이라? 달아난다고? 내가?

언젠가 닥치리라고 생각한 날들이 예상보다 빠르게 진행되었다. 1971년 가을, 어느날 눌잔이 바짝 긴장한 모습으로 숨을 죽인 채 내 방으로 들어왔다.

그녀는 떨리는 손으로 내 머리를 손질했다.

"무슨 일이지, 눌잔?"

"오, 사힙 마님." 눌잔이 흐느끼며 말했다. "저는 마님이 다치시는 것을 보고 싶지 않아요."

"왜 내가 다친다는 거지?"

눌잔은 눈물을 닦으며 말했다. 그녀는 회교사원에 있는 자신의 오빠가 그러는데, 남자들이 마침내 나에 대한 행동을 취할 때가 왔다고 결의하는 것을 보았다는 것이다.

"그들이 도대체 어떻게 하려는 건지 자세히 알고 있니?"

"아니요, 사힙 마님." 눌잔이 말했다. "그러나 전 두려워요. 마님만 해치는 게 아니라 도련님도 해칠 계획이래요."

"아홉 살짜리 어린애를? 그럴 리가 ……?"

"사힙 마님. 이곳은 5년 전의 와마을이 아니에요." 평소에 명랑하기만 한 그녀답지 않은 신중한 태도였다. "제발, 조심하세요!"

그리고 몇 주가 지나지 않아 그 일은 실제로 일어났다.

완연한 가을이 되었다. 몬순 기후는 지났고, 서늘하고 건조한 날씨가 계속되었다. 근간에는 아무 일도 일어나지 않았으므로, 나는 결국 옛날 시대는 지나갔다고 생각하게 되었다. 때는 종교전쟁(Holy Wars)이 일어났던 1571년이 아니라 1971년인 것이었다.

그날 나도 기도 시간이 되어서 내 방으로 갔다. 그런데 갑자기 마무드를 데리고 잔디밭으로 서둘러 나가야 할 것만 같은 알 수 없는 충동이 강하게 일어났다.

얼마나 바보 같은 충동인가. 그러나 그 충동은 너무도 선명하여 정신없이 뛰어내려가서 낮잠을 자고 있는 마무드를 깨웠다. 선잠을 깨 비틀거리며 칭얼대는 아이를 아무 설명도 없이 서둘러 끌고 홀로 내려갔다.

여전히 바보 같은 충동일지 모른다는 생각이 들면서도 아래층으로 내려가 프랑스식으로 만들어진 문을 밀치며 뛰어나갔다.

테라스까지 와서 멈춘 순간, 매운 연기 냄새가 나서 주위를 돌아보니 어떤 사람이 소나무에 불을 지르고 있는 것이었다. 우리 집에는 오래전부터 내려오는 규칙이 하나 있었는데, 그것은 쓰레기도 우리 땅에서는 태우지 못하도록 되어 있었다. 정원사를 찾으려고 뒤뜰로 돌아가자, 나는 그만 경악하지 않을 수 없었다. 집 주위에 산더미처럼 소나무가 쌓여 있었고 그 소나무더미에는 불이 붙어 있었다. 그 맹렬한 불길은 건물에 벌써 올라붙어 높게 타오르고 있었다.

나는 비명을 질렀다. 하인들이 뛰어나왔다. 곧 몇 명의 하인들이 급히 마을로 가서 물을 퍼왔고, 다른 하인들은 정원 호스를 끌고 와서 불 위에 뿌렸지만 수압이 너무 낮았다. 불길은 지붕 끝에 있는 마지막 나무까지 삼켜버릴 기세로 맹렬히 타오르며 연기를 냈다. 그러나 물줄기를 불길 높이까지 미치게 할 방도가 없었다.

우리는 촌각을 다투며 진화 작업을 했다. 열 명의 하인들이 한 줄로 늘어서서, 시냇물을 퍼서 손으로 운반하는 동안 물이 넘쳐 땅은 진창이 되었다.

사람들 모두 불길이 잡히기까지 한 시간 반 동안이나 계속 일했다. 열두 명 정도 되는 사람들이 불 주위에 둘러서 있었다. 모든 사람들이 땀을 흘리는 동시에 몸을 떨고 있었다. 몇 분만 지체했더라도 집 전체가 불길에 휩싸이고 말았을 것이다. 나는 눌잔의 눈을 바라보았다. 그녀는 너무나 조용하게 어깨를 으쓱하고는 고개를 끄덕였다.

나는 그녀가 무엇을 생각했는지 정확히 알 수 있었다. 그녀가 말했던 대로 협박이 실행되기 시작한 것이다. 지붕의 목재를 쳐다보니 까맣게 타서 하얀 벽이 검댕으로 더럽혀져 있었다. 그 밖에는 별다른 사고가 없는 것에 대해 주님께 감사드렸다. 바로 불길이 시작된 그 순간에 밖으로 뛰쳐나오지 않았더라면 어떻게 되었을까 상상하니 생각만 해도 몸서리가 쳐졌다.

한 시간쯤 뒤에 경찰이 나와 사건의 진상을 조사하고 돌아간 다음, 나는 방안에 조용히 앉아 있었다. 혹시 주님께서 특별히 주실 말씀이 있을까 해서 성경을 폈다. 그때 한 구절이 눈에 들어왔다.

"그리고 속히 도망하라 네가 거기 이르기까지는 내가
아무 일도 행할 수 없노라"(창19:22).

나는 성경을 내려놓고 고개를 들었다.

"그것이 주님이 인도하시는 길이라면 지금 저에게 떠날 길을 알려 주세요. 그 길이 평탄하겠습니까, 아니면 험하겠습니까?"

그리고 "무엇보다도 주님!" 갑자기 눈물이 쏟아졌다. "마무드는 어떻게 될까요? 그 아이도 떠날 수 있나요? 주님은 저에게서 모든 것을 가져가셨습니다. 아이도 데려가시겠습니까?"

그로부터 여섯 달 후인 1972년 3월, 주님은 다시 꿈을 통해 말씀하셨다. 라이샴이 내 방에 들어왔을 때 그녀의 눈에는 걱정하는 빛이 역력했다. "사힙 마님!" 라이샴이 말했다. "금고가 안전한가요?"

그녀는 내가 현금을 넣어두는 튼튼한 휴대용 금고에 대하여 물었다.

"물론 안전하지." 내가 대답했다. "왜 그러지?"

"저 ……." 라이샴은 목소리를 진정하려고 애쓰면서 설명했다. "어젯밤 꿈을 꿨는데 마님이 승용차를 타고 긴 여행을 하고 계셨어요. 그리고 금고를 가지고 계셨어요."

"그래?" 이건 예사로 넘길 꿈이 아니었다. 왜냐하면 실제로 나는 여행을 떠날 때 금고를 휴대하는 버릇이 있었기 때문이다.

"꿈이 너무나 생생했어요." 라이샴이 말했다. "그런데 슬픈 일은 마님이 여행을 하는 도중, 사람들이 나타나서 마님을 멈추게 하고는 그 금고를 훔쳐간 거예요." 라이샴은 떨고 있었다. 나는 내가 돈을 잃는다고 해도 그 일로 인하여 하나님을 더욱 의지하게 될 것이라고 그녀를 안심시켜야만 했다. 라이샴이 일을 하러 돌아간 후 그 꿈에 대해 곰곰이 생각해 보았다. 예언적인 꿈일까? 그 꿈은 재산을 잃게 되는 것을 암시하는 것은 아닐까? 재산을 빼앗긴 채 아무 대책도 없이 미지의 땅으로 던져지게 된다는 것일까?

경악의 날들은 시작되었다. 그때부터 불과 두 달이 지난 1972년 7월의 무덥던 어느날, 내 아들 칼리드가 왔다는 것을 하녀가 알려왔다.

"칼리드가?" 그는 아직 라홀에 살고 있었다. 이렇게 더운 때에 특별히 찾아온 이유가 뭘까? 전화로 말할 수 없을 정도로 중요한 일이란 무엇일까? 칼리드는 응접실에서 기다리고 있었다.

"애야!" 내가 외치면서 걸어들어갔다. "네가 찾아오다니. 그런데 왜 전화로 알리지 않고?"

칼리드가 다가와서 키스를 했다. 그는 응접실 문을 닫고 서론도 없이 찾아온 이유부터 말했다.

"어머니, 두려운 소문을 들었습니다." 그는 말을 멈췄다. 나는 미소를 지으려고 애썼다. 칼리드는 목소리를 더욱 낮추어 말했다. "어머니, 정부가 모든 사유 재산을 몰수한답니다." 나는 1년쯤 전, 그러니까 1971년 3월에 정부에 있는 친구가 와서 같은 말을 했던 것을 기억했다. '그의 말이 이제 현실로 나타나고 있는 것일까?' 칼리드는 부토 대통령이 땅을 재편성하기 시작했고, 내 재산이 첫번째로 국유화 목록에 오르는 대상이 될 것이라고 말했다.

"어떻게 했으면 좋겠니?" 나는 물었다. "그들이 전재산을 빼앗아갈까, 아니면 일부만일까?"

칼리드가 의자에서 일어나더니 정원으로 난 유리문을 향하여 걸어갔다. 그는 깊은 생각에 잠겼다. "어머니, 그건 아무도 알수 없어요. 최소한 일부라도 파는 것이 최선의 방법일 겁니다. 새 소유자는 정부의 탈취로부터 어느 정도 보호받을 수 있을테니까요."

나는 그 방법에 대해 깊이 생각한 후 칼리드의 제안이 옳다고 느꼈다. 우리는 좀더 상의하기 위해서 투니에게 찾아갔다. 그리고 그 방법이 옳다는 쪽으로 의견이 모아져 그렇게 결정을 내렸다. 칼리드는 일단 라홀로 돌아간 다음, 라홀에서 다시 모여 문서를 합의 처리하기로 했다. 투니와 나 그리고 마무드는 곧 라홀로, 될 수 있는 한 빨리 가기로 했다.

1972년 7월의 무더운 아침, 우리 셋은 부동산을 팔아 줄 대리인을 만나기 위해 라홀로 떠나려고 준비하였다. 나는 집 밖으로 걸어나오면서 정든 정원을 뒤돌아보았다. 여름 꽃나무들이 만발하여 절정에 달한 반면에 봄꽃들은 다른 때보다도 더 풀이 죽어 있는 것처럼 보였다.

"몇 주 뒤면 돌아올 거야." 나는 정원 앞에 모여 있는 하인들에게 말했다. 모든 하인들은 그 말을 그대로 받아들이는 것처럼 보였으나 눌잔과 라이샴은 그렇지 않았다. 끝내 눌잔은 갑자기 울음을 터뜨리며 뛰어가 버렸다.

나는 잊은 물건이 생각나서 우울한 기분으로 내 방으로 들어갔다. 그리고 잠시 후 홀로 나오자 라이샴이 내 앞에 멈춰 섰다. 그녀는 눈물을 글썽이며 내 손을 잡았다.

"하나님께서 마님과 함께 하실 겁니다. 사힙 마님." 그녀가 부드럽게 말했다.

"그리고 너와도 함께 하실 거야." 그녀를 위해 해줄 수 있는 말은 이 말 뿐이었다. 우리는 아무런 말 없이 마주 서 있었다. 그러나 모든 것을 서로 이해할 수 있었다. 나는 키가 크고 날씬한 이 하녀를 다시는 볼 수 없을 것이다 ― 그녀와 나는 특별히 가까웠다. 나는 그녀의 손을 꼬옥 잡으면서 속삭였다. "너처럼 내 머리를 손질할 수 있는 사람은 이 세상에 아무도 없을 거야."

라이샴은 손으로 얼굴을 가린 채 뛰어가버렸다. 침실 문을 잠그려는데 무엇인가 나를 멈추게 하는 것같아 나는 다시 방안으로 들어가서 주위를 살폈다. 하얀 가구들이 배치된 그 방은 조용하기만 했다. 아침이면 햇살이 정원으로 난 창을 통해서 흘러 들어오곤 했었는데 ……. 그리고 이 방은 바로 주님을 알게 된 방이었다. 나는 방을 뒤로 하고 내가 아끼던 정원을 향해 걸어나갔다. 그 장소는 자주 주님의 임재를 체험한 곳이었다. 차는 바깥쪽을 향해 서 있었다.

라홀에 가면, 만나서 굉장히 반가운 사람들이 있었다. 물론, 칼리드 내외와 벌써 십대가 된 그들의 딸도 거기 있을 것이고, 오울드 씨 부부를 만날 수 있는 가능성도 있었다. 나는 오울드 씨 부부에게 라홀로 가게 될 거라고 편지해 놓았다. 그들은 라홀로부터 좀 떨어진 마을에서 사역하고 있었다. 나는 옛친구들을 무척 만나고 싶었다.

라홀의 7월은 늘 그렇듯이 찌는듯 덥고, 옛날 그대로의 거리에서는 마지막 몬순 기후로 인해 비가 뿌려지면 곧 안개가 되었다. 우리 차가 사람들로 붐비는 거리를 뚫고 지나갈 때, 회교사원의 시끄러운 스피커가 딱딱 소리를 내더니 갑자기 금속성의 목소리로 오후 기도 시간을 알렸다. 차와 트럭이 보도쪽으로 붙자 갑자기 차량 소통은 원활해졌다. 운전자들이 몸을 굽히고 인도로 내려서는 매트를 깔고 부복하기 시작했다.

투니는 바빠서 오랜 시간을 함께 있을 수 없었다. 우리는 필요한 사무 처리를 모두 마치고 투니를 역까지 바래다 주었다. 다행히 기차를 놓치지 않았다. 역에서의 그 순간은 마음이 찢어질 것 같은 시간이었다. 그것은 내가 생각했던 것보다 더 고통스러웠다. 우리 모두가 보통 때의 이별과 다르다는 것을 느끼고 있었던 것이다. 열 살이 된 마무드는 마르고 키가 호리호리했다. 그는 투니에게 키스하면서 눈물을 보이지 않으려고 애썼다. 우리 셋은 플랫폼에서 서로 껴안았다. 마침내 투니는 그녀의 암갈색 머리를 넘기면서 웃었다.

"오, 기운을 내세요. 우리는 장례를 치르는 게 아니잖아요."

나는 웃으면서 다시 그녀에게 입을 맞추고, 마무드와 함께 그녀가 객차에 오르는 것을 지켜보았다. 기관차가 출발 신호를 울리고 승용차들이 서서히 역을 빠져나가기 시작하자, 통렬한 아픔이 마음을 사로잡았다. 나는 객차 유리창에서 투니의 얼굴을 찾았다. 마침내 그녀를 발견한 마무드와 나는 손으로 키스를 보냈다.

그리고 투니의 모습을 새겨두려고 오래도록 그녀를 지켜보았다.

다음날 부동산 중개업자를 만났다. 그는 땅이 팔리려면 여러 주가 걸릴 것이라고 말했다. 칼리드는 우리만 원한다면 자기 집에 더 오래 머물러도 좋다고 말했다.

한 가지 마음에 걸리는 것은 영적 교제를 나눌 상대가 없다는 것이었다. 제자들이 둘씩 짝을 지어 다닌 이유를 알 것 같았다. 그리스도인은 건강한 영적 상태를 유지하기 위해서라도 다른 그리스도인들과의 교제가 계속 필요하다는 것을 실감할 수 있었다.

나는 오울드 씨 부부에게 전화를 걸었다. 마리의 목소리를 들을 수 있다니 얼마나 굉장한 일인가. 우리는 전화로 함께 웃고 함께 울며, 그렇게 기도했다.

오울드 씨 부부는 사역이 바빠서 라홀까지 올 수는 없었으나 다른 그리스도인들을 연결시켜 주었다. 그는 교수 부인인 페기 슐로홀쯔씨를 소개해 주었다.

참 희한한 일도 다 있었다. 그 이름을 듣는 순간 왜 가슴이 그리도 뛰었는지 ……. 잠시 후 페기와 나는 통화를 했고, 몇 시간 후에는 페기가 칼리드의 응접실로 찾아왔다. 그녀는 나를 보자 환한 웃음을 지었다.

"말해 보세요, 쉬이크 부인." 그녀가 말했다. "당신이 처음 예수님을 만난 것이 꿈에서란 말이 사실이에요? 어떻게 주님을 알게 되었죠?"

그래서 나는 페기에게 6년 전에 시작된 모든 이야기를 해주었다. 페기는 귀기울여 듣다가 내가 이야기를 마치자, 그녀는 내 손을 잡고는 아주 뜻밖의 말을 했다.

"저는 당신이 우리와 함께 가시면 좋을 것 같아요."

나는 너무 놀라서 아무 말도 나오지 않았다. 그러나 심장이 다시 달음질쳤다. "제 말은 ……." 페기가 말을 이었다.

"저는 곧 아이들을 학교에 보내야 하기 때문에 떠나려고 해요. 미국에 넉 달 정도 있을 예정인데, 당신이 우리 교회에 와서 간증해 주시면 좋겠어요."

너무나 열성적으로 권하는 그녀를 실망시키고 싶지는 않았다. 그러나 나는 미소를 지으며 대답했다. "초청해 주셔서 고마와요. 하지만 기도해 봐야 할 것 같군요."

다음날 아침, 하녀가 메모를 가져왔다. 나는 읽고 웃었다. 페기가 보낸 것이었는데, "기도해 보셨나요?"라고 적혀 있었던 것이다. 나는 웃으면서 메모지를 구기고는 너무나 터무니없는 일이라는 생각이 들어 잊어버리려고 했다.

그때 지난 2년 동안에 일어났던 사건들이 뇌리를 스쳤다. 꿈, 경고, 불, 결정은 주님이 원하시는 방향으로 계속 이어질 것이다. 설사 조국을 떠나는 것일지라도 …….

아니, 사실 나는 페기의 제안에 대해 주님께 여쭈어 보지도 않았었다. 곧 주님의 손에 다시 올려드렸다. 그리고 여행을 결심했다. 사실은 어려운 결정이었다. 나의 직감이 말하기를, 만

208

일 내가 지금 떠난다면 그것은 넉 달이 아니라 영원으로 이어질 것이라고 암시했기 때문이었다.

"주님, 한번만 더 말씀드릴게요. 주님은 제가 얼마나 이 땅에 있고 싶어하는지를 아십니다. 저는 52살이고 ……. 다시 시작할 만한 시간은 전혀 없어요."

"그러나." 나는 한숨을 쉬며 말했다.

"그러나 …… 그것이 중요한 것은 아니죠? 저에게 있어서 정말 중요한 문제는 주님의 뜻 가운데 머무는 것입니다. 주님, 제발 저를 도와주셔서 그릇된 결정으로 말미암아 당신의 영광으로부터 멀어지는 일이 없도록 도와주세요."

제 14 장
탈 출

　이상한 일은 주님께서 파키스탄을 떠나는 것으로 내 마음을 바꾸시자, 갑자기 방해물이 나타난 것이다. 그것은, 파키스탄 국민은 출국시에 500달러 이상은 가지고 나갈 수 없다는 법령이었다. 마무드는 부양 가족으로서 250달러를 가지고 나갈 수 있었다. 어떻게 마무드와 내가 750달러를 가지고 넉 달을 살 수 있단 말인가? 그것만으로도 페기의 제안을 재고해 볼 만한 충분한 이유가 되었다.

　며칠이 지난 어느날 페기는 나를 자기 집으로 초대했다. 허심 탄회하게 이런 저런 이야기를 나누다가 크리스티 윌슨 박사 이름이 나왔다. 그녀도 그를 알고 있었다. 크리스티 윌슨에 의해 카불에 세워진 외국인을 위한 교회가 모슬렘 정부에 의해 파괴되고, 그 역시 추방당했다는 말을 듣자 나는 몹시 걱정되었다.

"그분이 어디 계시는지 혹시 아시나요?" 내가 물었다.

"사실은 잘 몰라요." 페기의 대답이었다. 그 대답과 동시에 전화가 울렸다. 전화를 받으러 간 페기는 놀란듯이 돌아왔다. "누군 줄 아세요?" 그녀가 말했다. "크리스티 윌슨이에요."

우리는 깜짝 놀라서 서로 마주보며 환한 웃음을 터트렸고, 이 일에는 우연 이상의 무엇이 있지 않을까 하는 생각까지 들었다. 윌슨 박사가 방문차 라홀을 들리게 되었다는 말을, 페기가 전했다. 물론 나도 그의 소식을 듣게 되어서 기뻤다. 그러나 그의 방문이 뭔가 중요한 일을 결정짓는 데 한몫 하리라는 직감이 들었다.

다음날 우리는 페기의 집에서 반가운 재회를 가졌다. 나는 윌슨 박사에게 와마을에서 있었던 최근의 사건들을 이야기했다. 페기는 그에게 내가 미국에 가도록 설득해 달라고 졸랐다. 그리고 그도 이 제안에 대해 호의를 보이며 찬성했다.

"그런데 여러 가지 문제가 있어요." 페기가 말했다. "첫째 문제는 빌퀴스가 500달러 이상을 가지고 출국할 수 없다는 거예요."

"저에게 생각이 있습니다만 ……." 윌슨 박사가 턱을 쓰다듬으면서 말했다. "친구들이 몇 명 있는데 …… 아마 전보를 치면 될 겁니다. 캘리포니아에 아는 사람이 있습니다."

며칠 후 페기가 흥분에 찬 목소리로 전화를 걸었다.

"빌퀴스!" 그녀는 소리쳤다. "모든 문제가 해결되었어요. 사마리아인 재단의 빕 박사라는 분이 당신을 지원하는 스폰서가 되어주시겠대요. 7일 안에 떠날 준비를 하실 수 있겠어요?"

7일. 갑자기 조국을 떠난다는 충격이 거세게 나를 밀어부쳤다. 이번에 떠나면 영원히 떠나는 것이 될 거라는 예감이 있었기 때문이었다.

'루디야드 키플링'(Rudyard Kipling)의 시구를 이해할 수 있을 것 같았다.

> 신은 온 인류에게 모든 땅을 사랑하라고 주셨다. 그러나 우리의 가슴은 너무나 작아서, 결국 각 사람에게 운명지워진 손바닥 만큼의 땅만을 사랑할 뿐이다.

와마을 ……. 나의 정원, 나의 집, 나의 가족 — 나는 정말 사랑하는 것들을 뒤에 두고 떠나는 문제를 신중하게 생각하고 있는 것일까? 그렇다. 내 결정은 확고했다. 내가 알고 싶은 단 한가지는 이 모든 일이 주의 뜻인지에 대한 여부일 뿐이다. 왜냐하면 고의적으로 불순종한다면 그 대가가 어떠하다는 것을 잘 알고 있기 때문이다. 그렇게 된다면 주님의 임재하심은 영원히 사라져버리고 말 것이다.

그로부터 24시간이 지나서 주님이 이 결정을 기뻐하신다는 사실을 재확인할 수 있는 일이 일어났다. 저녁식사 때 칼리드는 부동산 문제에 대한 한 가지 일만 해결되면 다른 모든 절차가 잘 결말지어질 것이라고 말했다. "어머님이 잘 말씀하시리라 생각합니다. 오늘 현재로서, 어머니가 재산권을 양도한 소유지에 대해서 팔기를 원한다고 말씀하시면 모든 일이 잘될 겁니다."

그때 갑자기 이 일이 원만치 않을, 이 나라 법령에 걸리는 일 한 가지가 떠올랐다. 그것은 파키스탄인은 소득세를 모두 지불하지 않고는 나라 밖으로 나갈 수 없다는 법령이었다. 나는 소득세를 내기는 했으나 증명서가 필요했다. 미국행 비행기 티켓을 사려면 소득세 지불 증명서를 보여야만 했다.

7일에서 벌써 나흘이 지났다. 출국 일자 사흘을 남겨두고 칼리드와 나는 지불 증명서를 받기 위해 해당 관청으로 갔다. 우리는 서류를 완벽하게 준비했으므로 거기에서는 별문제가 없을 줄 알았다.

그 관청은 라홀 번화가의 분주한 거리에 위치하고 있었는데, 건물 안으로 들어서면서 뭔가 이상하다는 느낌을 받았다. 여느 때 같으면 직원들이 바쁘게 이리저리 뛰어다니고, 한쪽에서는 언쟁을 벌이느라 시끄러울텐데 이상하게도 조용하기만 했다. 그리고 그 관청 안에 있는 사람이라고는 대머리 직원 한 사람 뿐이었다. 나는 그 사람 앞으로 가서 지불 증명서 발급을 원한다고 말했다.

그는 머리를 반쯤 들고 빠끔히 올려다보더니 머리를 흔들었다. "죄송합니다, 부인." 그가 갑자기 눈을 돌리면서 말했다.

"파업 중입니다."

"파업이라니요?"

"예, 부인." 그가 말했다. "무기한 파업입니다. 아무도 근무하지 않아요. 부인을 위해서 일할 사람은 아무도 없군요." 나는 그 자리에 서서 그를 바라보다가 힘없이 물러나왔다.

"오, 주님." 나는 내 아들만 들을 수 있을 정도로 낮은 소리로 기도했다.

"주님께서 문을 닫으셨습니까? 그렇다면 왜 저에게 출국하도록 격려하셨습니까?" 그때 이 생각이 스치고 지나갔다. '정말 주님이 출국을 막으셨을까?'

"그래요, 아버지." 나는 계속 기도했다. "마무드와 제가 미국에 가는 것이 주님 뜻이라면 허가를 내줄 만한 사람이 반드시 있을 겁니다." 곧 그런 강한 확신이 생김으로 인해 다시 들어갔다.

"저, 당신은 근무를 하고 있는 것 같군요." 내가 말했다. "당신이 증명서를 발급해 주시면 되잖아요?"

그는 귀찮다는 듯이 얼굴을 들었다. 마치 거절하는 것이 버릇이 되어버린 사람처럼 보였다.

"제가 말했죠, 부인. 파업 중이라고 ……." 그가 투덜거렸다. "그렇다면 좋아요. 여기 책임자를 불러 주세요." 정치 일을 하면서 배운 것이 있다면, 어떤 일이 잘되지 않고 꼬일 때는 지위가 더 높은 관리인을 찾아가서 직접 말해 보는 것이다.

그 직원은 어쩔 수 없다는 듯이 한숨을 쉬며 잡지를 내려놓고 한 사무실로 나를 안내했다. "여기서 기다리세요." 그는 이렇게 퉁명스럽게 내뱉고는 사무실 안으로 들어갔다. 잠시 낮은 소리로 중얼거리는 소리가 들리더니, 그 직원이 다시 나와서 들어가보라고 말했다. 칼리드와 내가 들어가자 낡은 책상 앞에 잘생긴 중년 남자가 앉아 있었다. 나는 필요한 것을 말했다. 그는 등을 뒤로 기대고 연필을 만지작거리면서 말했다.

"죄송합니다. 마담 …… 마담 …… 이름이 뭐죠?"

"빌퀴스 쉬이크."

"예, 대단히 죄송합니다. 이 파업 중에는 아무 일도 해드릴 수가 없군요." 그런데 문득 그의 눈에 무엇인가 알아차린 듯한 빛이 역력했다.

"혹시 부인이 단순 생활 방식을 창안하신 그 비굼 쉬이크 씨가 아니십니까?"

"예, 저예요."

그는 갑자기 책상을 내리치면서 소리쳤다. "이럴 수가." 그는 의자를 끌어오더니 앉으라고 권하면서 말했다. "저는 그 정책이 우리 나라에서 가장 획기적인 정책이었다고 생각합니다."

　　나는 미소를 지었다. 그 관리는 책상 앞으로 몸을 숙이더니
은밀하게 속삭이는 목소리로 물었다.

　　"어떻게 도와드리면 되겠습니까?" 그래서 소득세 문제에 대
해 상세하게 설명했고, 사흘 안에 미국행 비행기를 타러 카라치
로 갈 예정이라고 말했다. 그는 뭔가 결심한듯 서둘러 일어나서
카운터에 있는 직원을 불렀다.

　　"저기 앉아 있는 새 직원을 이리 오라고 하세요." 그리고 나
를 향해 아주 낮은 소리로 말했다. "임시 속기사로 채용한 사람
입니다. 저 사람은 정식 직원이 아니고 파업을 하고 있는 것도
아니니까 증명서를 인쇄할 수 있습니다. 그리고 공증은 제가 직
접 해드리죠. 도와드리게 되어서 기쁩니다."

　　이렇게 해서, 몇 분 후엔 깨끗하게 완성된 증명서를 손에 쥐
게 되었다. 여기서 한 가지 사실을 고백한다면, 나는 사무실을
나올 때 잡지 위로 얼굴을 내밀고 의아한 듯이 쳐다보는 그 대
머리 직원에게 증명서를 흔들어 보였다. 그리고 만면에 미소를
띠고 그가 들을 수 있도록 말했다. "하나님의 축복이 있기를."

　　그 관청을 나오자 칼리드는 놀랍다는 듯이 말했다. 그 일을
전부 해치우는 데 20분밖에 걸리지 않았기 때문이다.

　　"모든 직원들이 근무를 했다면 시간이 훨씬 더 많이 걸렸을
겁니다."

　　나는 마음속으로 주님을 찬양하면서, 주님이 우리와 동역하
길 원하신다는 것을 칼리드에게 설명했다. 그분은 우리의 기도
를 통하여 함께 일하시기를 원하신다. 그것은 모세의 지팡이 원
리였다. 내가 문제를 주님 손에 올려놓고 믿기만 한다면, 주님
과 나 사이엔 틈이 생기지 않는다. 그러나 내가 할 수 있는 일
은 모두 해야만 했다. 그것은 책임자를 만나게 해달라고 요청하

는 일이었다. 하나님께서 모세에게 지팡이로 바위를 치라고 명령하신 것처럼, 우리에게도 기적의 역사에 참여하라고 하시는 것이다.

칼리드는 나의 열변에 조금 당황하더니 이내 웃으면서 이렇게 덧붙였다.

"한 가지 말씀드릴 게 있어요. 어머니, 저는 어머니가 '감사합니다'라는 말 대신에 언제나 '하나님의 축복이 있기를' 하고 말씀하시는 것을 들었습니다. 그 말은 제가 이제까지 들은 말 중에 가장 아름다운 말이었습니다."

이제 모든 서류가 완벽하게 준비되었을 때 '작별 인사를 하러갔다 올 수는 없을까' 하는 생각이 들었다. 이 여행은 분명히 넉 달 이상이 되리라는 확신 때문이었다. 그러나 그 말을 꺼내자 칼리드가 이렇게 말했다. "홍수가 났다는 뉴스를 못 들으셨어요?"

라홀과 와마을 사이에 있는 지역에 폭우가 쏟아져서 땅이 물에 잠겼고 모든 교통과 관공서 일이 마비되었다고 했다. 마음이 푹 가라앉았다. 잘 있으라는 인사조차 허용될 수 없단 말인가? 주님은 깨끗이 포기하라고 말씀하셨다. 롯에게 뒤를 돌아다보지 말라고 하셨던 것처럼 ……

출국 일자 이틀을 남겨놓은 금요일 아침에 라홀을 떠나기로 했다. 카라치에서 미국행 비행기를 타게 되어 있었다. 페기와 그녀의 아들은 뉴델리에서 뉴욕행 비행기를 타고, 카라치에서 나와 마무드와 합류할 계획이었다. 그러나 목요일 아침, 더이상 기다리면 안될 것 같은 강한 충동이 일어났다. 나의 불안감은 마무드를 둘러싼 문제였다. 우리가 단순한 여행 목적으로 라홀을 방문한 것이 아니라 국외로 도주하기 위한 수단이었다는 소문이 마을에 크게 퍼졌다는 소식을 듣게 된 것이다. 나로부터 '타락한' 영향을 받지 않도록 친척들이 마무드를 떼어놓으려 들지 않겠는가. 어떤 구실을 대서라도 출국하지 못하게 하면 어떻게 할까? 위험에 대한 예감이 강하게 다그쳤다.

'안돼, 더이상 지체할 수는 없어. 나는 오늘 당장 카라치로 가서 친구들과 함께 조용히 때를 기다려야 한다.'

그래서 그날 오후, 허둥지둥 짐을 싼 다음 마무드와 나는 칼리드 가족에게 작별 인사를 하고 서둘러 공항으로 향했다. 이제 어떤 장애물도 우리를 가로막을 수는 없다. 드디어 마무드와 나는 여행길에 오른 것이다.

카라치는 내가 기억하는 바로는 사방 팔방으로 불규칙하게 퍼진 사막에 둘러싸였으며, 마을은 인도 해협에 접해 있었다. 그곳은 옛 문화와 새로운 문화가 뒤섞인 완충 지대였다. 낙타가 활보하는가 하면 고급 롤즈 로이스 승용차가 다녔고, 파리떼가 들끓는 구식 시장 옆에는 최신 유행을 따르는 깨끗한 상점들이 연이어 있었다. 이 도시는 거대해서 숨어 있기에는 안성마춤이었다.

우리는 친구들과 함께 머물면서, 다음날 미국으로 출발하기 위해 번화가를 돌며 쇼핑하고 있었다. 그런데, 갑자기 이상한 압박감이 엄습해 왔다. 나는 벽에 몸을 기대고 눈을 감은 채 주님께 보호해 주시기를 기도했다. 그날 밤, 나와 마무드는 어떤 보이지 않는 이끌림에 의해 서둘러 호텔을 옮겼다. 나는 일련의 그러한 생각을 떨쳐버리려고 했었다. '그런 바보 같은 생각이 어딨어.' 내 스스로에게 이렇게 말해 보기도 했다. 그러나 여전히, 다른 길로 속히 떠나라는 경고를 들었던 동방박사들의 이야기가 생각났다.

우리는 신속하게 카라치 공항에 있는 에어프랑스 호텔로 옮겼다. 나는 가능한 서둘러서 마무드를 방으로 데리고 갔고, 식사를 주문한 다음 차분히 기다렸다. 마무드가 불안한 눈초리로 물었다.

"왜 우리는 몰래 떠나야 하는 거죠, 엄마?"

"얼마 동안은 조용히 있어야 할 것 같은 생각이 들어서야. 그뿐이다."

출국을 하루 앞둔 날 밤, 나는 잠을 이루지 못한 채 누워 있었다. 왜 이렇게 불안한 걸까? 그래야 할 특별한 이유는 없었다. 지나치게 신경이 곤두선 것일까? 이전의 위협들 때문에 지나치게 반응하는 것은 아닐까? 불이 난 사건과 같은 일 때문에 말이다. 몇 번이나 잠이 들려다가 다시 깼다. 나는 새벽 2시에 일어나 옷을 입었다. 다시 강한 긴박감이 괴롭혀 왔다. 그러다가 다시 그렇게 걱정하는 것이 우습게 느껴졌다. 평소의 나답지 않았다. 어쨌든 그 호텔에서 빨리 나가야 할 것만 같았다. 나는 마무드를 흔들어 깨워서 잠결인 아이에게 옷을 입힌 다음, 짐가방들을 모아서 호텔 종업원이 운반할 수 있도록 문 앞에 두었다. 그때가 새벽 3시였다. 출발 시간은 5시였다. 마무드는 아직 잠이 덜 깬 채로 나와 함께 호텔 앞에서 택시를 기다렸다.

달빛은 희미해지고 있었다. 내 조국에서 마지막 보는 달이라는 서글픈 생각이 들었다. 이른 새벽 미풍이 수선화의 향기를 실어왔다. 이제 다시는 나의 정원을 볼 수 없으리라는 생각을 하며 애써 눈물을 참았다. 마침내 호텔 종업원이 택시를 잡아서 차에 올라탔다. 나는 길이 막히지 않게 해주시기를 기도했다. 그렇게 이른 시각인데도 공항의 주변 도로는 몹시 붐비고 있었다.

차들이 스톱 라이트(stop light)를 켜고 한쪽으로 붙자 나는 신경질적으로 의자에 깊숙히 기대어 앉았다. "우리는 그저 잠시 동안만 조용히 있는 것 뿐이야." 이렇게 마무드에게 말하고 있었지만 사실은 내 자신을 안심시키려고 하고 있었다. 아니, 그것으로도 안심이 되지 않았다. 내게 진정으로 필요한 것은 기도였다. "주님, 이 불안감에서 날 구해 주옵소서. 주님 안에는 두려움이 없습니다. 만일 이 불안감이 주님으로부터 온 것이라면, 거기에는 분명히 이유가 있을 것이므로 순종하겠습니다."

우리는 터미널로 들어가 차에서 내린 후, 인도를 따라 부지런히 걸어들어갔다. 거기에는 우뢰와 같은 비행기 엔진 소리가 귀청을 자극하고 있었고, 긴박한 분위기 가운데 온갖 귀에 거슬리는 소음들이 혼합되어 울렸다.

나는 바람에 나부끼는 국기를 발견하고는 한동안 마음속으로 붙들고 있었다. 녹색 바탕에 별과 초생달이 그려진 조국의 국기. 나는 언제까지나 그 깃발과 우리 국민과 우리 국민의 앞날에 경의를 표할 것이다. 공항 직원이 우리 짐을 체크인(chekin)카운터로 가져갔다. 그 짐들이 안전하게 밀려들어가는 것을 보면서 하나님께 감사드렸다.

가방마다 40파운드밖에 안되었다. 예전에는 우리 가족들이 단 몇 주간 동안 국내 여행을 할 때도 수천 파운드의 짐을 싸가지고 다녔고, 옷을 더이상 가져갈 수 없을 때는 울음을 터뜨리던 그런 나였는데 ……. 이런 생각을 하니 저절로 웃음이 나왔다.

탑승하기까지는 아직 시간이 있었다. 나는 마무드가 옆에 붙어 있도록 주의를 주면서, 우리 모습이 눈에 안 띄는 방법은 사람들 속에 섞여 있는 것이라고 믿었다. 그러나 임박할 위험감에 대한 두려움으로 마냥 흔들리고 있을 수만은 없었다. 다시 한번 불필요한 걱정을 하는 데 시달리고 있는 자신을 꾸짖었다. 그리고 주님이 보호하신다고 스스로 타일렀다.

주님은 그 상황에서도 나를 안전하게 인도하실 것이므로 내가 할 일이란 순종뿐이었다. 그때 마무드가 화장실에 가고 싶다고 해서 우리는 남자 화장실로 가기 위해 홀을 걸어내려갔다. 나는 복도에서 기다리고 있었다. 갑자기 낮은 스피커 소리가 우리에게 탑승해야 함을 알렸다. "뉴욕행 팬암기 탑승 손님은 곧 대기하여 주시기 바랍니다!" 심장이 뛰었다. 마무드는 도대체 뭘 하고 있는 것일까? 지금 가야 하는에 ……. 꽝 하고 마침내 남자 화장실 문이 열렸으나 마무드가 아니었다. 터어번을 쓴 시이크교도가 걸어나왔다.

나는 다급해서 문 안으로 들어가는 내 자신을 발견했다. 내가 도대체 무엇을 하고 있담. 모슬렘 국가에서는 아무리 잃어버린 아홉 살짜리 아이를 찾기 위해서라도 남자 화장실로 들어가는 여자는 있을 수 없었다. 다시 탑승하라는 안내 방송이 흘러나왔다. "뉴욕행 팬암 비행기가 지금 출발을 서두르고 있으니 승객 여러분께서는 속히 탑승하여 주십시오."

"오, 안돼." 나는 속으로 소리쳤다. 마무드를 찾아야만 했다. 나는 화장실 문을 밀치고 들어가 외쳤다. "마무드!" 아이의 목소리가 대답했다. "엄마, 나 여기 있어요 ……." 나는 깊은 한숨을 내쉬었다. 곧 마무드가 나왔다. "너 어디 있었니?" 나는 소리쳤다. "도대체 뭘하고 있었니?"

무엇을 하고 있었든 그건 문제가 아니었다. 대답도 기다리지 않고 아이의 손을 잡아채고는 탑승 입구로 가기 위해 기나긴 홀을 정신없이 뛰었다. 마침내 우리는 비행기에 마지막으로 오르는 승객들 속에 끼게 되었다.

"와. 엄마." 마무드가 소리쳤다. "굉장한 비행기이에요." 정말 굉장했다. 747에어라인의 몸집은 그야말로 거대했다. 우리는 둘 다 흥분했다. 이제까지 그렇게 큰 비행기는 본 적이 없었다. 트랩을 오를 차례가 되었다. 순간 망설여졌다. 이것이 아마 마지막으로 조국의 땅을 밟는 순간이 될 것이다 ······.

그러나 우리는 그 비행기를 타야만 했다. 기내는 극장의 관객석 같았다. 스튜어디스가 우리 자리로 안내해 주었다. 페기는 어디 있을까? 그녀 없이 어떻게 미국에 갈 수 있단 말인가? 바로 그때 그녀가 우리에게로 오기 위해 통로를 걸어오는 것이 보였다. 페기가 나에게 팔을 두르며 말했다. "오, 사랑스런 분." 그녀가 애정어린 눈길로 말했다. "저는 너무나 걱정이 되었어요. 탑승 입구에 서 있는 사람들 속에서 아무리 당신을 찾아도 보이지 않으니 말이에요." 내가 있었던 일을 설명해 주자 그녀는 안심하는 것 같았다. 그녀는 자기 아들을 우리에게 소개하며 말했다. "우리가 같이 앉을 수 없다니 정말 서운하군요. 지정해 주는 대로만 앉아야 하니 말예요."

솔직히 말하면 나는 그대로가 좋았다. 지금 내게는 다른 사람과 대화할 마음의 여유가 없었다. 오직 내 고국을 떠난다는 슬픈 생각만으로 가득 차 있었다. 나는 울음을 터뜨렸다. 그러나 동시에 어떤 만족감을 느꼈다. 그것을 이해할 수는 없었다. 마무드는 곧 본래의 그애답게 붙임성 있는 모습을 되찾았다. 어느새 스튜어디스와 사귀어 조종실에 구경하러 갔다가는 완전히 매료되어 돌아왔다.

나는 흐뭇했다. 스튜어디스가 우리에게 좌석 벨트를 매라고 했다. 창 밖으로 동쪽 하늘에 비추어지는 일출의 첫광선을 내다보았다. 엔진이 움직이는 소리를 들으면서 갑자기 흥분감이 복받쳤다. 우리가 탄 비행기는 육중하게 활주로를 질주하기 시작했고, 나는 뒤를 돌아다보았으나 폐기의 얼굴을 볼 수는 없었다. 이륙 지점에서 비행기가 폭발음을 터뜨리자 마무드의 얼굴이 흥분으로 빛났다. 나는 마무드의 손을 잡고 기도하기 시작했다.

"지금의 이런 느낌을 어떻게 말씀드릴 수 있을까요? 주님. 저는 성취감 같은 것을 느끼고 있습니다. 주님은 이제 저를 아브라함처럼 저의 고향땅을 떠나게 하셨습니다. 그 다음엔 무슨 일이 기다리고 있는지 알지 못하고 …… 주님만 바라볼 뿐입니다. 주님, 저는 만족합니다. 그것은 주님이 저와 함께 하신다는 확신이 있기 때문입니다."

그제서야 두려움과 신경을 곤두세우는 불안감에서 완전히 해방되었다. 나는 지금까지의 모든 일에 주님께 순종했음을 깨달았다. 그리고 만일 내가 주님의 모든 명령에 지금처럼 행동하지 않았더라면, 실제로 무슨 일이 일어났을지도 모른다는 사실을 인정해야 했다.

창문을 통해서 가느다란 빗줄기가 휘익 지나가더니 갑자기 우리 밑에 있는 요란한 바퀴소리가 멎었다. 비행기가 이륙한 것이다. 이른 새벽의 미명 가운데 인도 해협에 있는 파키스탄 연안이 점차 멀어져가고 있었다. 나는 주님께 손을 내밀었다. 주님은 나의 유일한 피난처였다. 그리고 내게 있어 유일한 기쁨은 주님의 임재 가운데 머무는 것이었다. 나는 그동안, 주 안에 머무는 동안만 그 영광 안에서 살 수 있음을 배워왔다.

"감사합니다. 하나님. 언제까지나 주님과 동행하게 해주시니 정말 감사합니다!"

에필로그

이 책의 주인공인 '빌퀴스 쉬이크'는 현재 미국에서 거주하고 있다. 어떤 의미에서 그녀는 국가가 없는 여인으로 살아가고 있다. 왜냐하면 그녀는 온 세계를 내려다보시는 하나님의 시야를 가졌기 때문이고, 또한 어느 곳을 가든지 사랑하는 조국 파키스탄을 가슴에 안고 다니기 때문이다. 비록 세계의 다른 한편에 그녀의 정원을 두고 와야 했지만, 그녀는 이제 캘리포니아의 작은 집 뒷동산에 사랑하는 손자인 마무드와 함께 새로운 정원을 꾸미고 있다.

어느 이슬람 여인의 회심

I dared to call him Father

5쇄 발행 ● 2009년 2월 10일

지은이 ● 빌퀴스 쉬이크

옮긴이 ● 박양미

펴낸곳 ● 하늘기획

펴낸이 ● 이재숭

등록 ● 제6-0634호

총판 ● 하늘물류센타

전화 ● 031-947-7777

팩스 ● 031-947-9753

ISBN ● 978-89-923-2077-1

주소 ● 서울특별시 동대문구 청량리1동 45-8호